Joachim Riedl

JÜDISCHES WIEN

Joachim Riedl

JÜDISCHES WIEN

Mit 258 Abbildungen in duotone

Christian Brandstätter Verlag, Wien – München

BILDNACHWEIS

akg images, Berlin London Paris / Abraham Pisarek: Seite 26 unten, 29 links unten; APA Picture Desk: Seite 136 unten (Robert Jäger), 137 (R. Ettl); Leo Baeck Institute, New York: Seite 70; Ruth Beckermann, Wien: Seite 133 oben; Corbis Images: Seite 101; Dokumentationsarchiv des österreichischen Widerstandes, Wien: Seite 94 unten, 95 oben; Filmarchiv Austria, Wien: Seite 17; Ghetto Fighters' House Museum, Western Galilee, Israel: Seite 36 unten, 90 oben, 95 unten, 110 oben, 111 (3), 117 oben, 121 (3), 122 (3), 123, 124 oben, 125 (2); Christine de Grancy, Wien: Seite 133 unten, 135 (2), 143 unten, 145, 146 oben rechts, 146 unten links, 147 rechts oben, 147 rechts Mitte, 148 oben, 149 (2), 150 (2), 151, 152 links oben, 152 links unten; IMAGNO / Austrian Archives: Seite 6, 9, 10 (2), 13 oben, 14 oben, 15 oben, 18 (2), 19, 20 (2), 21, 22, 23, 26 oben links, 26 oben rechts, 27 links unten, 27 rechts, 28 (4), 29 oben, 29 rechts unten, 31 (2), 32 (3), 33 (3), 34 links, 35 oben rechts, 39 (2), 41 (3), 42, 43 (2), 44 (2), 45, 46 unten, 47, 49, 50 (2), 51 (2), 52 (2), 53 oben, 55 (2), 56 (3), 57 (2), 58 unten, 60, 61, 62 oben, 66, 67, 68 (2), 73, 75 oben, 76 (5), 77 unten, 81, 86 unten, 88, 89, 90 unten, 91, 99 links oben, 99 rechts oben, 100 (2), 102 oben, 104, 105 (2), 106 (2), 110 unten, 112, 124 oben, 146 unten rechts; IMAGNO / Otto Breicha: Seite 128; IMAGNO / Sigmund Freud Privatstiftung: Seite 58 oben, 71 unten, 72; IMAGNO / Archiv Franz Hubmann: Seite 59, 126; IMAGNO / Lois Lammerhuber: Seite 156; IMAGNO / Dagmar Landova: Seite 63 unten; IMAGNO / Erich Lessing: Seite 118 oben, 120; IMAGNO / Archiv Lunzer: Seite 27 links oben, 30 rechts oben, 77 oben, 82; IMAGNO / ÖNB: Seite 8, 14 unten, 15 unten, 35 oben links, 54 links, 63 oben, 74 unten, 78 oben, 79 (2), 80, 92, 93, 94 oben, 96, 97 (3), 98, 107, 108 oben, 113; IMAGNO / ÖNB / Lothar Rübelt: Seite 36 oben, 37 (2), 64 oben, 74 oben, 99 links Mitte, 99 links unten, 99 rechts unten; IMAGNO / ÖNB / Harry Weber: Seite 118 unten, 130, 134, 136 oben, 138, 139 (2), 140, 141 (2), 142 (3), 143 oben, 144 (2), 146 oben links, 147 links, 147 rechts unten, 148 unten, 152 links Mitte, 153 oben, 154; IMAGNO / Österreichisches Theatermuseum: Seite 64 unten, 65 (2); IMAGNO/ Österreichisches Volkshochschularchiv: Seite 30 links; IMAGNO / Archiv Setzer-Tschiedel: Seite 25, 30 rechts unten, 34 rechts, 53 unten rechts; IMAGNO / Gerhard Trumler: Seite 152 rechts, 153 unten; IMAGNO / Ullsteinbild Berlin: Seite 102 unten, 117 unten, 127, 132; IMAGNO / Wienbibliothek im Rathaus: Seite 24, 53 unten links, 54 rechts; IMAGNO / Wien Museum: Seite 12 unten, 38, 40 (2), 54 links; Interfoto, München: Seite 108 unten; Israelitische Kultusgemeinde, Wien: Seite 109, 115, 116 (2); Jüdisches Museum Wien / Margit Dobronyi: Seite 131 (2); Kaplan Foundation, New York: Seite 62 unten; Konrad Rufus Müller: Seite 119; Österreichisches Haus-, Hof- und Staatsarchiv, Wien: Seite 46 oben; Archiv Joachim Riedl, Wien: Seite 11 (2), 12 oben, 16, 35 unten, 69 (2), 71 oben, 75 unten, 78 unten, 85 (2), 86 oben, 87, 103.

INHALT

1. Kapitel
GENIUS LOCI

Die Frage kam dem Verein zur Erhaltung der Mensa Academica Judaica am Wiener Zimmermannplatz sichtlich ungelegen. Nun würden sicherlich „Vorwürfe nationaljüdischer Kreise" folgen, befürchtete die Vereinsleitung. Widerwillig bestätigte sie schließlich dem *Prager Tagblatt* das Gerücht: „Es ist uns sehr unangenehm, daß die Schwester Hitlers unsere Küche für jüdische Studenten geleitet hat."[1] Zwar wisse man schon seit „längerer Zeit", dass die ehemalige Leiterin der jüdischen Hochschulmensa „dem nationalsozialistischen Führer politisch und verwandtschaftlich sehr nahe steht", doch hatte man bislang das peinliche Beschäftigungsverhältnis zu vertuschen gewusst.

Zu diesem Zeitpunkt, im September 1931, hatte die dreifache Mutter und Steueramtsoffizialswitwe Angela Raubal bereits der Stadt den Rücken gekehrt. Seit drei Jahren führte sie ihrem Halbbruder den Haushalt in dessen Landhaus am Obersalzberg, wo er seinen offiziellen Wohnsitz aufgeschlagen hatte, und verwöhnte die Freunde und Mitarbeiter des Antisemitenanführers, der gerade kurz davor stand, die Macht im Deutschen Reich an sich zu reißen. Besonders beliebt waren nach der Erinnerung regelmäßiger Tischgäste ihre Wiener Mehlspeisen und die Backhendln, die sie auftischte, obwohl der Hausherr eigentlich streng vegetarisch lebte.

In den Tagen, in denen ihre berufliche Laufbahn ruchbar wurde, trug Angela Raubal Trauer. Kurz zuvor hatte sich ihre Tochter Geli in der Münchner Stadtwohnung ihres Onkels Adolf Hitler das Leben genommen. Erst der skandalumwitterte Selbstmord lenkte die Aufmerksamkeit auf die Merkwürdigkeiten in der Familiengeschichte des prominenten Politikers.

Am 3. Juni 1920 hatte Angela Raubal ihre Stellung in der jüdischen Mensa angetreten, die sie in den folgenden acht Jahren beibehalten sollte. Wenige Monate später, im Oktober 1920, stand plötzlich ihr Halbbruder vor ihrer Wohnungstür in der Schönburggasse 52. Die Geschwister hatten einander zwölf ereignisreiche Jahre lang nicht gesehen, seit jenem Tag im Februar 1908, an dem der noch minderjährige Schulabbrecher von Linz nach Wien aufgebrochen war, wo er sich im Nationalitätenstreit der pulsierenden Metropole der Vielvölkermonarchie sein geistiges Rüstzeug erwarb. „Ich kam als siebzehnjähriger Mensch nach Wien", gestand er später in einer Rede, „ich ging von Wien weg als absoluter Antisemit." Binnen fünf Jahren hatte also der Wiener Wahn von ihm Besitz ergriffen. Ein verkrachter Kunststudent betrat die Stadt, diese „Verkörperung der Rasseschande" schlechthin, ein „Rassenbabylon", das von „Juden und Pfaffen regiert" werde, und verließ sie wieder im Fieber. Als er nun für einen kurzen Besuch zurückkehrte, war aus dem mittellosen Vagabunden von seinerzeit ein hitzköpfiger Radauredner geworden, ein Wirtshaus-Agitator, der an seiner neuen Wirkungsstätte in München bereits große Versammlungssäle füllte. Er sei „der gerissenste Hetzer, der derzeit in München sein Unwesen treibt", behauptete in jenem Herbst die sozialdemokratische Tageszeitung *Münchner Post.*

Seine Fähigkeiten wollte er auch in Wien unter Beweis stellen. „Ich war darüber so weg, daß ich ihn zuerst nur groß angeschaut habe", berichtete die damalige Köchin der jüdischen Mensa nach 1945 bei einem Verhör durch den amerikanischen Geheimdienst CIC über den überraschenden Besuch: „Das erste, was auf mich großen Eindruck gemacht hat, war die Tatsache, daß er mit mir einkaufen gegangen ist." Es gehörte ja zu ihren täglichen Pflichten, auch die den jüdischen Speisegesetzen entsprechenden Lebensmittel für ihren Küchendienst zu besorgen.

„Ringstraßenkorso" in Wien. Beginn der Flaniermeile des eleganten Wien am Kärntner Ring, u. a. mit Gustav Mahler, Karl Spitzer, Arnold Rosé, Hansi Niese, Ludwig Bösendorfer, Egon Fürstenberg, Erzherzog Eugen, Selma Kurz, Leo Slezak, Ludwig Baumann, Eduard Pötzl, Otto Wagner, Philipp Haas, Georg Reimers. Um 1900. Druck nach einem Gemälde von Theodor Zasche

[1] Alle Zitate folgen der jeweils zeitüblichen Orthographie des Quellentextes.

Zwei osteuropäische orthodoxe Juden im Kaftan mit einem jüdischen Kind mit Pejeslocken auf der Straße in Wien-Leopoldstadt. 1915. Photographie

Zumindest sechs Mal trat Adolf Hitler während dieses knapp vierzehntägigen Besuchs in Österreich als antisemitischer Propagandaredner auf. Als er drei Jahre später nach seinem gescheiterten Putschversuch in Festungshaft seine Ausrottungsphantasien zu *Mein Kampf* diktierte, nahm sich seine nahe Anverwandte Angela Raubal ein paar Tage Urlaub von ihrem koscheren Küchendienst und besuchte den Sträfling „an einem nebeligen Dezemberabend" in dessen komfortabler Zelle in Landsberg. „Er war dazumal geistig und seelisch auf der Höhe wieder", berichtete sie ihrer Schwester Paula in einem Brief.

Derweil die Anhänger ihres Halbbruders an der Wiener Universität immer häufiger Krawalle anzettelten, überall in der Stadt ihre Hakenkreuze an die Mauern schmierten und ihre jüdischen Kommilitonen terrorisierten, bekochte die resolute Oberösterreicherin unverdrossen die Studiosi in der Mensa Judaica und sorgte zur vollsten Zufriedenheit ihrer Dienstgeber für einen koscheren Mittagstisch. Einer der Gründe zur Einrichtung einer eigenen jüdischen Mensa war es gewesen, den angefeindeten Studenten die Möglichkeit zu geben, ungestört von den Anpöbelungen der Hitler-Anhänger ihre Mahlzeiten einzunehmen. Einige Zeitzeugen wollten sich sogar erinnern, die beherzte Mensa-Köchin habe sich mit einem Knüppel in der Hand randalierenden Hakenkreuzlern entgegengestellt.

Für sich genommen besagt diese historische Fußnote wenig. Sie blieb folgenlos, ein Kuriosum in einer Zeit, die reich an kuriosen Geschehnissen war. Doch als Sinnbild verdeutlicht sie, wie vielschichtig das Zusammenleben der einzelnen Wiener Bevölkerungsgruppen war, auf wie vielen, verwegen verschlungenen Wegen sie einander begegneten. Es herrschten ja an und für sich schlampige Verhältnisse, man traf aberwitzige Arrangements, indes die großen Ideen glühten und Utopien wucherten. Mit dem Untergang der Habsburger-Monarchie war das letzte Kapitel jener Periode, in der jüdisches Leben in Wien aufblühte, angebrochen.

Insgesamt währte diese Blütezeit nur wenig mehr als 100 Jahre. Sie war gekennzeichnet von tiefen historischen Bruchlinien und von historischen Weichenstellungen, in deren Gefolge neue Emporkömmlinge den alten Eliten ihren Rang in Staat und Gesellschaft streitig machten. Sie war geprägt von der Hetzjagd einer Großmacht im Niedergang, die aus ihrer feudalen Rückständigkeit den modernen Entwicklungen hinterhereilte. In Wien, dem Machtzentrum des ausgedehnten Reiches, prallten alle Konflikte der Donaumonarchie wie unter einem Brennglas aufeinander. Hier wurde die Zukunft verhandelt. Hier entschied sich das mitteleuropäische Schicksal des letzten imperialen Jahrhunderts. Hier befand sich das Labor der Moderne und zugleich war hier auch eine Experimentierstation für den Weltuntergang eingerichtet worden.

Eingebettet in diese brodelnde Atmosphäre lebt das Wiener Judentum. Erst das neue Staatsgrundgesetz von 1867 gewährte ihm volle Gleichstellung mit allen andern Untertanen des Kaisers. Jetzt ist es ebenso hin und her gerissen in dem Treibhausklima der Kulturkämpfe, die zwischen den Beharrungskräften, die der jeweils alten Ordnung nachtrauern, und den Erneuerern, die auf visionären Gedankenflügen durch die Zeit segeln, ausgefochten werden. Es ist nicht weniger gespalten und fraktioniert als der Rest der Bevölkerung. Es ist in Teilen fromm und treu der Tradition verhaftet, es lebt in Teilen gottesfern und dem Erbe der Väter entfremdet. Es gibt sich teils staatstragend und teils aufrührerisch. Ist einerseits eine Religionsgemeinschaft von Honoratioren, süchtig nach Anerkennung und Prestigemonumenten, und anderseits ein Bettlerglaube, gleichgültig gegenüber allen irdischen Symbolen.

Die Jeunesse dorée des Wiener Fin de Siècle: Praterausflug von „Jung-Wien" (v.l.n.r.): Hugo von Hofmannsthal, Arthur Schnitzler (stehend), Richard Beer-Hofmann, Felix Salten (sitzend) mit „süßen Mädeln". Um 1894. Photographie

Es gibt gottesfürchtige Juden und atheistische Juden im Wien dieser Zeit, und manche, eine ganze Menge sogar, bringen das Kunststück zuwege, beides zugleich, und einige sogar die noch viel erstaunlichere Leistung, keines von beiden zu sein. Es gibt Juden, die stolz auf ihre Abstammung sind, solche, die sie als Verpflichtung, und andere, die sie als Last empfinden. Einem weiteren Teil, einem, der nicht zu gering bemessen werden sollte, dürfte allerdings die Tatsache seiner Herkunft weitgehend bedeutungslos sein. Einige sind getauft, andere lediglich aus der Glaubensgemeinde ausgetreten. Viele bemühen sich, wenigstens zwei-, dreimal an den hohen Festtagen eine Synagoge oder einen der großen Festsäle der Stadt zu besuchen, welche die Kultusgemeinde in den letzten Jahrzehnten ihre Blüte anmieten muss, um des Ansturms Herr zu werden. Es gibt Juden, die der Glaubenswelt ihrer Väter gleichgültig den Rücken gekehrt haben, und es gibt Juden, die ihr Judentum quält, als habe ein böser Fluch von ihnen Besitz ergriffen.

Otto Weininger ist 23 Jahre alt, Doktor der Philosophie, ein jugendlicher Asket aus dem Wien der Jahrhundertwende; er ist einer zwanghaften, grüblerischen Suche

nach Selbsterkenntnis verfallen und verstrickt sich immer tiefer in den tödlichen Glaubenskampf mit der eigenen Existenz. Zeitgenossen erscheint er stets wie nach einer dreißigstündigen Bahnfahrt, schmutzig, ermüdet, zerknittert, geht schief und verlegen herum, sich gleichsam an einer unsichtbaren Wand entlangdrückend. Er wirkt gereizt, dem „russischen Verbrechergefühl des Selbstgepeinigten" verwandt. Eine junge Verehrerin gemahnt er hingegen an „Jesus Christus".

Am Tag seiner Promotion konvertiert der junge Akademiker, der behütete Sohn eines jüdischen Goldschmiedes, Wagner-Anbeters und Bayreuth-Wallfahrers, zum Protestantismus. Seine Doktorarbeit erweitert er zum Opus magnum; auf 600 Seiten breitet er darin die Summe seines Lebens aus. Es ist das Konstrukt eines grandiosen Frauenhasses, dem auch das Judentum zum Opfer fällt, da es ihm „durchtränkt scheint von Weiblichkeit". In beiden, in Frauen und Juden, erblickt Weininger eine existenzielle Bedrohung: Sexualität, Schuld, nur Körper und Materie, bar jeden Geistes, jeder Seele oder jeder Sittlichkeit. Beides bedrängt und quält ihn in seinem Innersten. Erlösung verspricht nur ein reiner Genius: der Inbegriff des Männlichen. Dessen höchste Form sieht Weininger im Religionsstifter. Sein großes Werk, *Geschlecht und Charakter*, möchte dazu die Bibel sein. Doch das Buch erregt nur bescheidene Aufmerksamkeit; weder provoziert es einen Skandal, wie sein Autor wohl insgeheim erhofft haben muss, noch entfacht es die Begeisterung, die einer neuen Heilslehre zukommen müsste.

Hat er versagt? Phasenweise befällt ihn tiefe Depression. Seine Persönlichkeit spaltet sich: Ein unheilvoller Doppelgänger, den Weininger „das Ensemble aller bösen Eigenschaften des Ich" nennt,

Oben: Otto Weininger (1880–1903). Um 1900. Photographie
Unten: Hof im Schwarzspanierhaus, dem Sterbehaus Beethovens, in Wien 9, Schwarzspanierstraße. Um 1900. Photographie

grinst ihm entgegen. Jean Améry hat in seinem Essay *Hand an sich legen* versucht, die letzten Tage des Selbstmörders nachzuempfinden. In seinem „zu Tode erregten" Hirn spuken die triumphierenden Angstgestalten, eine „Kesselpauke" dröhnt in seinem Kopf, zuletzt „ein rasender Wirbel": „Er sah und hörte nur ohne Unterbrechung: Weib, Jude, Ich, weg mit allem."

Otto Weininger mietet ein Zimmer im Sterbehaus Beethovens in der Wiener Schwarzspanierstraße. Dort schreibt er am Abend des 3. Oktober 1903 Briefe an Vater und Mutter. Er verbringt die Nacht in marternden Gedanken. Im Morgengrauen schießt er sich eine Kugel ins Herz. Man findet seinen Leichnam in Hut und Mantel. Dem Sarg des melodramatischen Selbstmörders folgen wenige Tage später Stefan Zweig, Karl Kraus und der vierzehnjährige Ludwig Wittgenstein.

Der Tat folgte schnell posthumer Ruhm. Weiningers Ruf verbreitete sich über ganz Europa, *Geschlecht und Charakter* wurde zum begehrten Kultbuch und der Autor zur Legende. Kaum einer der Zeitgenossen konnte sich entziehen, die Thesen des tragischen Grüblers wurden voll Begeisterung nachgebetet, ausgeschmückt und weitergegeben. Die scheinwissenschaftlichen Behauptungen beeinflussten nachhaltig eine ganze Generation in ihrer misogynen Grundstimmung. Elias Canetti, geboren 1905, berichtet etwa in seinen Memoiren, dass 20 Jahre nach Weiningers verzweifeltem Freitod noch immer an den meisten Wiener Kaffeehaustischen über das frauen- und judenfeindliche Traktat diskutiert wurde.

Weininger erschien seinen Verehrern keineswegs absurd. Auch nicht, wo er mutig schrieb: „Noch nie ist offen gesagt worden, wo die Hörigkeit der Frau einzig zu suchen ist: in der souveränen, angebeteten Gewalt, die der Phallus des Mannes über sie besitzt."

Ebenso wenig abwegig fanden seine Leser den wütenden Antisemitismus, den ihr junges Genie predigte. Der Jude, behauptete der Phallosoph, wäre aufgrund seines „weiblichen" Wesenskerns „stets lüstern und geil"; „der geborene Kommunist"; von Natur aus „ein Kuppler" und nicht eigentlich fromm, denn er „kann gar nicht glauben". Frau allein, das wäre schon schlimm genug; doch Jude, das heiße: weibisch, ohne Weib zu sein, ein Zustand jenseits von Glaube und Hoffnung.

Post mortem stand das Genie des Selbstmörders außer Zweifel, sein bei Erscheinen kaum beachtetes Offenbarungswerk fand plötzlich weiteste Verbreitung. Während es beispielsweise neun Jahre dauerte, bis die 600 Exemplare der ersten Auflage von Sigmund Freuds im Jahr 1900 erschienener *Traumdeutung* verkauft waren, jenem Buch, das die Mauer zur Entdeckung der menschlichen Psyche durchbrochen hatte, lag 1909 der phallosophische Katechismus *Geschlecht und Charakter* bereits in der elften Auflage vor. Bis 1932 sollten 17 weitere folgen. Erst der Nationalsozialismus beendete den Siegeszug dieser Lieblingslektüre verwirrter Gemüter. Es wurde verboten, da sein Autor Jude war – ungeachtet seines Inhalts und der lobenden Worte, die Adolf Hitler dafür fand. Etwa jene bei einem Mittagessen 1937, die sein Tischnachbar und persönlicher Anwalt Hans Frank überlieferte: „Ich bin der reinste Waisenknabe gegenüber diesen Selbstbekenntnissen von Juden über Juden."

Ein gleichaltriger Mitschüler und Jugendfreund des falschen Propheten Weininger stand bei dem nationalsozialistischen Diktator sogar noch in dessen Jahren der Machtausübung in hoher Gunst. Bekannten, die ihn in Berlin besuchten, empfahl Hitler mitunter: „Lesen Sie jeden Satz, den er geschrieben hat; er hat die Juden entlarvt wie keiner." Arthur Trebitsch, dessen ausuferndes Schrifttum der deutsche Reichskanzler zu Lektüre empfahl, war der Sohn eines wohlhabenden jüdischen Seidenindustriellen und führte im Wien der Jahrhundertwende das Leben eines jungen Schnösels, der gerne zu großzügigen Gesellschaften einlud. Dabei quälte er häufig

Oben: Arthur Trebitsch (1880–1927). 1926. Photographie
Unten: Buchumschlag zu Arthur Trebitsch: *Der Dichter, der Denker, der Redner, der Arier.* Antaios-Verlag: Leipzig 1926

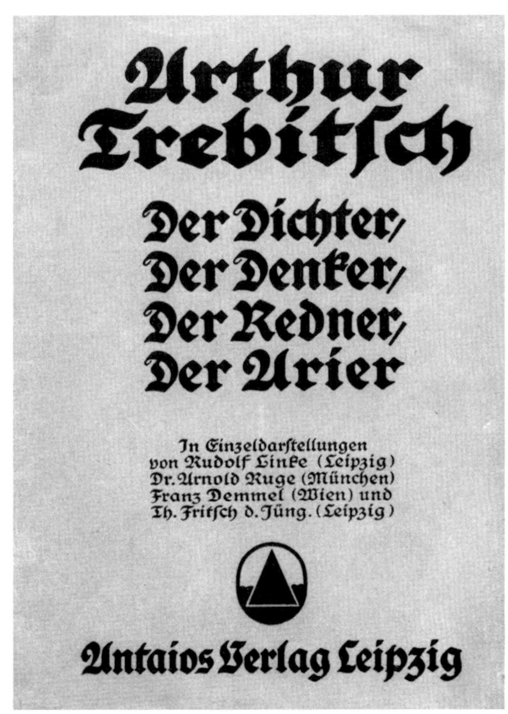

Oben: Buchumschlag zu Arthur Trebitsch: *Deutscher Geist – oder Judentum!* Antaios-Verlag: Berlin–Wien–Leipzig 1921
Unten: Akt von Albine Ruprich aus Peter Altenbergs Photographie-Sammlung, 1914

seine Gäste mit deutschvölkischen Tiraden. Sie belächelten ihn insgeheim, schmarotzten allerdings bereitwillig weiterhin von seiner Freizügigkeit.

Im Alter von 29 Jahren, der Nachruhm seines Schulkollegen Weininger währte bereits das sechste Jahr, kehrte Trebitsch der Israelitischen Kultusgemeinde den Rücken und forderte künftig jedermann, der ihn als Juden bezeichnete, zum Duell oder strebte Ehrenbeleidigungsprozesse an. „Ich bin kein Jude, ich war nie einer und werde niemals einer sein", beharrte er. Zwar seien noch seine Ahnen Mitglieder der „versklavten Rasse der Rassenlosigkeit gewesen". Er selbst hingegen, ein „Frei-, Wohl- und Edelgeborener", habe „nach drei Generationen festwurzelnden Lebens im wohlerworbenen, heimatlichen Boden nichts mehr zu schaffen mit jener Rasselosigkeit". Mithin sei er nunmehr ein „echter und rechter Deutschösterreicher".

Trebitsch war ein literarischer Dilettant von glühender Leidenschaft. Da sich jedoch niemand fand, der seine missionarischen Manuskripte in den Druck befördern wollte – was bei der Flut versponnener Veröffentlichungen jener Zeit einem Wunder gleichkam –, gründete er mit dem väterlichen Erbe seinen eigenen Verlag, der künftig sein irrlichterndes Schaffen in die Welt setzte. Mehr und mehr verstrickte er sich darin in das konfuse Gedankenkonstrukt eines deutschblütigen Sendungsmythos. Als dann im August 1914 der Erste Weltkrieg ausbrach, sah er sich in all seinen Warnungen bekräftigt: Die „jüdische Weltverschwörung gegen das deutsche Volk" feiere auf den Schlachtfeldern ihren blutigen Triumph. Unermüdlich tingelte er fortan als antisemitischer Wanderprediger durch die Gaue seines ersehnten Vaterlandes, stets einen bedrohlichen „morbus judaicus" heraufbeschwörend, der die ganze Welt vergifte, die daraufhin „dahin siecht an den unheilvollen Folgen der fürchterlichen Infektion".

Im München der ersten Nachkriegsjahre ließ er der damals noch unbedeutenden nationalsozialistischen Radaupartei großzügige finanzielle Unterstützung zukommen. Zugleich warnte er einen Landsmann, den aufstrebenden Antisemitenführer Hitler, sein arischer Bierkellerverein werde von der „Schlange des Zionismus" unterwandert. Phasen des Verfolgungswahns wechselten sich nun mit megalomanen Erregungszuständen ab. Mitunter entging der erhitzte Vortragsredner nur mit knapper Not der zwangsweisen Einweisung in eine Nervenheilanstalt. Insgeheim fühlte er sich ja selbst berufen zum arischen Messias, zu jenem „geborenen und von Gott gesandten Führer", von dem er in seinem „Bekenntnisbuch" *Geist und Judentum* bereits 1919 prophezeite, er werde dereinst dem „Gesamtwillen des ganzen deutschen Volkes" Stimme und Geltung verschaffen. Arthur Trebitsch, von der Erscheinung eine blonde Hünengestalt, versank mehr und mehr in geistiger Umnachtung, überzeugt davon, die Reinkarnation einer germanischen Heldengestalt zu sein, welche die Juden mit „elektrischen Strahlen zu vergiften" trachteten.

Im Wiener Treibhausklima aus Nationalitätenhass, Rassenwahn und genialischen Phantasmagorien wucherten giftige Geistesblüten an allen Ecken. Bei einem Wien-Besuch registrierte der deutsch-jüdische Erfolgsschriftsteller Jakob Wassermann beinahe mitleidig die Identitätsverwirrung, die unter den Wiener Juden grassierte: „Ich kenne viele, die vor Sehnsucht nach dem blonden und blauäugigen Menschen vergehen. Sie betten sich ihm zu Füßen, sie schwingen Räucherfässer vor ihm, sie glauben ihm aufs Wort, jedes Zucken seiner Lider ist heroisch, und wenn er von seiner Erde spricht, wenn er sich als Arier auf die Brust schlägt, stimmen sie ein hysterisches Triumphgeheul an. Sie wollen nicht sie selbst sein; sie wollen der andere sein; haben sie ihn auserlesen, so sind sie mit ihm auserlesen."

Die Geschichte der Wiener Juden, die zugleich auch notwendigerweise immer die Geschichte des Wiener Antisemitismus in sich trägt, gleicht der Chronik einer nicht enden wollenden Irrfahrt auf der Suche nach der eigenen Selbstfindung, nach einem Ausweg, der es dem Kollektiv ebenso wie jedem einzelnen ermöglichen könnte, aus der tödlichen Umklammerung durch Ressentiments und Dämonisierung auszubrechen. Und sei es um den Preis der Selbstverleugnung. Auch der Dichter Peter Altenberg, geboren als Richard Engländer und Sohn eines wohlhabenden Kaufmannes, dessen Zuwendungen ihm ein sorgloses Künstlerdasein ermöglichen, hadert zeit seines Lebens mit seinem jüdischen Erbe, das er als lebensbedrohliches Verhängnis, als „Gift-Inficirung des Organismus" betrachtet.

Altenberg verschreibt sich einem ausufernden Körperkult in würziger Landluft, begeistert sich über seine Leistungen als Ausdauerschwimmer und schwärmt von der alpenländischen Gemütlichkeit, in die zu entfliehen der Wiener Kaffeehausjude große Mühen setzt. Während eines ausgedehnten Sommerfrischeaufenthaltes im Salzkammergut berichtet er etwa einer seiner Schwestern 1895 in einem geradezu überschwänglich begeisterten Brief aus Gmunden: „Und diese liebe einzige Gesellschaft der jungen Bürgersöhne, welche mich mit tiefer Liebe und Freundschaft behandeln und mich als Einen der Ihren betrachten. Dieser wunderschöne gemüthliche christliche Verkehr. Jeden Abend sitzen wir in einem ganz kleinen, oberösterreichisch eingerichteten Weinstübl und trinken grosartiges braunes Bier und rauchen aus Pfeifen. Meistens wird über die Juden geschimpft, was mich ziemlich erfreut."

Eines Tages erzählt Altenberg stolz dem befreundeten Schriftsteller und Nervenarzt Arthur Schnitzler, er habe soeben dem Dichterkollegen Hugo von Hofmannsthal einen Brief geschrieben, weil der bekannte jüdische Kritiker Paul Goldmann dessen Libretto zu dem mythischen Musikdrama *Elektra* von Richard Strauss, das gerade an der Hofoper herausgekommen war, grauenvoll zu verreißen gewagt hatte. „Ein Jud kann dieses Stück nicht verstehen", habe er den verkannten Ästheten getröstet. Verwundert diagnostiziert Schnitzler in seinem Tagebuch: „Er selbst Jude, Hugo von jüd. Abstammung, der Direktor ein Jude, die stärksten Lober Juden – Irrsinn des Antisemitismus ..."

Oben: Peter Altenberg (1859–1919) am Semmering. Um 1910. Photographie von Emil Mayer
Unten: Peter Altenberg und Karl Kraus am Lido in Venedig. 1913. Photographie, von Peter Altenberg eigenhändig beschrieben: „Gespräch zwischen PA und KK. 1913"

Wahrscheinlich war Peter Altenberg der exemplarischste Repräsentant der Wiener Jahrhundertwende: ein genialer Dilettant, dessen zerflattertes Lebenswerk, ein weitverstreuter Zettelkasten liebevoll gedrechselter Vignetten, ganz beiläufig zum Gesamtkunstwerk geriet, übertroffen nur noch von der Art, wie Altenberg lebte. Nirgendwo war er zu Hause und überall daheim. Das Café Central, sein eigentliches Domizil, gestaltete er zu einem Mikrokosmos, der ihm Anschauungsmaterial und Auseinandersetzung lieferte. Dort saß er am Kaffeehaustisch, ein Wegelagerer am Gang zum Klosett, mit ein oder zwei knospenden Mädchen am Schoß, notierte das Geschiebe und Getriebe des Publikums, das sein Leben vor der Endlosigkeit der alternden Stadt ausbreitete, und borgte seinen geistigen Lebensunterhalt von zufälligen Passanten. „Ich bitte Sie, man hat keinen Beruf, kein Geld, keine Position und schon sehr wenig Haare", schrieb er an den befreundeten Arthur Schnitzler, der ihn schmeichlerisch „Selbstsucher" tituliert hatte: „Deshalb bin und bleibe ich doch nur

Oben: Portrait Peter Altenberg. 1914. Photographie von Anton Josef Trčka
Unten: Franz Blei (1871–1942). 1916. Photographie von Madame d'Ora

ein Schreiber von ‚Muster ohne Wert', und die Ware kommt alleweil nicht. Ich bin so ein kleiner Handspiegel, Toilettenspiegel, kein Welten-Spiegel."

Seine Gönner verehrten ihn. Die Kindfrauen, denen seine streichelnde Zuneigung galt, verfielen seiner leidenschaftlichen Erlösungssehnsucht. So nachlässig war dieser schrullige Dandy, dass viele hinter den Marotten schon wieder einen eigenen Stil vermuteten.

Er leistete sich den Luxus, nichts zu besitzen. Und es fehlte ihm an nichts, außer am Eigentlichen, einem Lebensziel, dem er hätte zustreben können. Er ging nicht seinen Lebensweg, er flanierte. „Da geht er und stolpert bald wieder über sein Seelengekröse, schleift es, hört ein Gelächter und schreitet weiter, erhaben, traurig und lächerlich", so schilderte Robert Musil den impressionistischen Vagabunden von Wien, einen Pointilisten im Daseinsgeraschel der Stadt. Unverwechselbar glich er der Stadt, die ihn so vollkommen in der Überlegenheit des Nicht-Wollens geschult hatte. „Ich wünsche allein zugrunde zu gehen", schrieb er einmal, „da mir die Art aller anderen nicht imponiert."

Es fällt heute mitunter schwer, beurteilen zu wollen, ob in der jüdischen Bevölkerung von Wien die Gemeinsamkeiten überwogen oder die Unterschiede. Es ist wahrscheinlich auch nur zu einem Teil berechtigt, von einem Wiener Judentum zu sprechen, das mittels einer statistischen Größenordnung als quasi homogener Block definiert werden könnte. Vielmehr gab es einerseits das Wiener Judentum und andererseits die Wiener Juden, und beide Gruppierungen waren nicht notwendigerweise deckungsgleich.

Von dem in Berlin geborenen Historiker und Freud-Biographen Peter Gay stammt die Definition, der zufolge es drei Ursachen dafür gibt, dass ein Mensch der spezifischen Untergruppe Jude zugerechnet wird: Abstammung, Konversion und staatlicher Eingriff, wozu auch gesellschaftliche Willkürakte zu zählen sind. Vor allem die Naziverbrechen und der sie vorbereitende Prozess einer rassistischen Aussonderung sind heute dafür verantwortlich, dass in der historischen Betrachtung nach wie vor die dritte Variante als bestimmender Faktor angesehen wird oder werden muss. Das heißt, es tritt die durchaus problematische Zwangsläufigkeit ein, dass eine historische Persönlichkeit nicht entsprechend jenen Kriterien in das soziale Koordinatensystem eingeordnet wird, deren Gültigkeit sie für sich selbst anerkannt hat, sondern danach, welches Etikett sie zugeteilt bekommt, gleichgültig ob sie diese Etikettierung akzeptiert und – was schwerer wiegt – obwohl wir heute die Kriterien, nach denen diese Etikettierung erfolgte, als, bestenfalls, menschenrechtswidrig werten. Mit anderen Worten: Wir sehen uns gezwungen, ein rassistisches Regelwerk fortzuschreiben, das wir einerseits ablehnen, dem wir anderseits aber auch nicht zu entkommen wissen.

Dieses Dilemma hatte etwa die Schriftstellerin Hilde Spiel im Sinn, als sie in ihren Lebenserinnerungen eingestand, sie habe es den Nazis weniger verübelt, sie einst aus Wien ins Exil vertrieben zu haben, als dass sie es deren längst überwunden geglaubten Arier-Wahn zu verdanken gehabt habe, für den Rest ihres Lebens auf die Rolle einer Jüdin festgelegt worden zu sein. Denn in ihrer Jugend mochte sie vieles gewesen sein: höhere Tochter, lebenslustiges Kaffeehausmädel, sozialrevolutionäre Schwärmerin oder gedankentiefe Romanautorin. Nur eine jüdische Existenz hätte keinen Platz in ihrer Lebensplanung gehabt. Dann kam für den Wiener Rotstrumpf das Jahr 1938. Und sie war eingemeindet.

Es gibt zahllose ähnliche Biographien. Geschichten von Wienern, die fassungslos reagierten, als sich die Nazis keinen Dreck um den Taufschein scherten, sondern vielmehr stur der Logik ihrer Nürnberger Gesetze und der Systematik ihres Ariernachweises mit mörderischer Konsequenz folgten – in dessen Geiselhaft, so muss hinzugefügt werden, sich die historische Betrachtung nach wie vor befindet.

Die Stigmatisierung durch den Nationalsozialismus erfolgte mitunter höchst willkürlich. Der Begriff jüdisch war ein Brandmal, das allem aufgebrannt wurde, das nicht in den engen Raster der dogmatischen nationalsozialistischen Glaubensgrundsätze passte. Als Ernst Kreneks jazzige Oper *Jonny spielt auf* in der Sylvesternacht 1927 erstmals über die Bühne der Wiener Staatsoper swingte (ein bisschen), zogen Wiener Nazis mit dem Schlachtruf „gegen die freche jüdisch-negrische Besudelung" auf die Straße. Später diente ein mit einem Davidstern verfremdetes Sujet der Opernankündigung als Plakatmotiv für die Ausstellung „Entartete Musik". Und der im New Yorker Exil verarmt und vereinsamt gestorbene Wiener Schriftsteller Franz Blei, ein weitgehend unpolitischer Autor und eher Zyniker denn Aufrührer, rätselte bis zu seinem Tod, weshalb er aus seiner Heimat hatte fliehen müssen. In einem Brief meinte sein Kollege Robert Musil, „daß Sie damals nur auf die Liste gekommen sind, weil Sie der Herr Bartels für einen Juden hielt". Der von nationalsozialistischen Kulturfunktionären hochverehrte, deutschvölkische Schriftsteller Adolf Bartels hatte die ersten rassistischen Proskriptionslisten verfasst, seine literaturkundlichen Schnüffeleien, etwa die *Einführung in das deutsche Schrifttum für junge Buchhändler* aus dem Jahr 1932, so der Literaturhistoriker Murray Hall, diente „als Nachschlagewerk bei der Entjudung des Buchhandels".

Gewiss, die Taktik, verhasste oder schlicht verstörende Ideen und Personen mit dem Begriff jüdisch zu denunzieren, war keine originäre Nazi-Erfindung, sondern griff eine alte antisemitische Praxis auf. Als der Philosoph und Spiritus rector des Wiener Kreises, Moritz Schlick, 1936 auf den Stufen der Wiener Universität von dem höchst verwirrten Studenten Hans Nelböck niedergeschossen wurde, bejubelte die völkische Presse diese Bluttat, deren tatsächliches Motiv enttäuschte Liebe war, unverzüglich als ein heroisches Fanal wider den „jüdischen Geist" – galt es doch, die Abkehr von der Metaphysik, welche die Erkenntnistheoretiker um Schlick postulierten, als Zersetzungswerk einer jüdischen Weltverschwörung zu entlarven.

In Wien ist der Antisemitismus ein soziales Phänomen mit langer Tradition, und er kennt viele Schattierungen: von der milden Verachtung bis hin zum mörderischen Hass. Er hat viele Metamorphosen durchgemacht und war, lange bevor die Nationalsozialisten sich seiner bemächtigten, zu einem scheinbar autochthonen Lebensgefühl geworden, das die Emanzipation der Wiener Juden begleitete. Neid, Missgunst, tatsächliche rassistische Überzeugung oder einfach althergebrachte Ressentiments mischten sich zu einem allgegenwärtigen Amalgam, das sich mal in besoffenen Wutausbrüchen Luft machte, mal zum Schutz des sozialen Territoriums eingesetzt wurde oder gezielt als politische Waffe diente. Der Antisemitismus war ein Schatten, der den Juden in Wien überallhin folgte und sich nicht abschütteln ließ.

Im Jahr 1922 erschien ein Wiener Roman, *Die Stadt ohne Juden*, der ein grimmiges Orakelbild zeichnete: Das Parlament hatte die rücksichtslose Deportation der Juden beschlossen, Land und Leute jubelten, ein stiller, endlos langer Zug Vertriebener verließ die Stadt.

Die literarische Fiktion nahm allerdings lediglich jene Parolen beim Wort, mit denen vornehmlich die Christlichsoziale Partei das öffentliche Klima vergiftet hatte. Im Oktober 1919 hielt beispielsweise der Parlamentsabgeordnete Leopold Kunschak, der noch heute von der Österreichischen Volkspartei als einer ihrer Gründerväter verehrt wird, in der Volkshalle des Wiener Rathauses, seit je eine bevorzugte Versammlungsstätte der Antisemiten, einen Vortrag unter dem Titel *Volksrepublik oder*

Oben: Plakat zu einer Wiener Protestkundgebung der Nationalsozialisten gegen Ernst Kreneks Oper *Jonny spielt auf.* 1928
Unten: Moritz Schlick (1882–1936). Um 1930. Photographie

Buchumschlag zu Hugo Bettauer: *Die Stadt ohne Juden. Ein Roman von Übermorgen.* R. Löwit Verlag: Wien 1922

Judenstaat?. Vor einigen tausend Zuhörern wütete der katholische Arbeiterführer gegen die angeblich schändlichen „Charaktereigenschaften des jüdischen Typus“: „Eine der charakteristischsten Eigentümlichkeiten des Judentums ist sein maßloses Herrschaftsgelüste. Wie ehedem, so hält auch heute das Judentum die ganze Finanz- und Kreditwirtschaft in seinen Händen und hat den größten Teil der Presse in seinem Solde. In der Staatsregierung merkt man gleichfalls auf Schritt und Tritt die zunehmende Verjudung ... Christliches, deutsches Volk, sieh dich vor, sonst wirst du aus deiner Sorglosigkeit erwachen als Sklave im Judenstaate!“ Wenige Tage später zogen Protestzüge durch die Stadt, die den Worten des Agitators auf der Straße Nachdruck verschaffen wollten.

Einige Monate nach diesem antisemitischen Wirbel fand sich in einer Sonntagsausgabe der christlichsozialen Parteizeitung *Reichspost* bereits ein „Tagesbericht“, der einen Vorgeschmack auf die Zeiten, die da kommen sollten, geben wollte: „Es gibt eine Zeit, da Wien keine Juden hat, da von den Hunderttausend, die sich wie ein Heuschreckenschwarm auf Wien gestürzt haben, nicht einer zu erblicken ist. Kein Wucherer, der erst Millionär werden will, und keiner der von erstohlenen Reichtümern aufgeblasenen Parvenüs, die heute den vornehmen Dandy spielen. Keine Damen, die noch neulich im Ghetto schmatzten und in der Straßenbahn den armen Christen die abgenagten Hühnerbeine zwischen die Füße werfen. Keine Herrschaften im Schieberschal und Schiebergürtel, die zwischen fetten Kettenhändlern in Revolution und Volksverschweinerung machen. Und dann ist Wien schön. Um uns ist das Volk von Wien. Das Volk mit den reinen Stirnen und den reinen Händen. Dann ist eine andere Luft in Wien, die Fliederbüsche duften, wir hören die Vögel in den Gärten singen ... Wann kommt der Erlöser für Wien?“

Der schmale Roman, der dann zwei Jahre nach dieser flehenden Prophetie die zu diesem Zeitpunkt also keineswegs verwegene Vision einer *Stadt ohne Juden* entwarf, wurde binnen kurzer Zeit zu einem gigantischen Erfolg und mit dem Volksliebling Hans Moser in einer der Hauptrollen sogar verfilmt. Sein Autor, der Schriftsteller und Sensationsjournalist Hugo Bettauer, bezahlte die Provokation drei Jahre später mit seinem Leben: Er war das erste jüdische Opfer, das die Hakenkreuzler, wie die Österreicher ursprünglich ihre Nationalsozialisten nannten, ermordeten.

Der Attentäter wurde allerdings freigesprochen und nur für kurze Zeit in einer psychiatrischen Klinik festgehalten: Zorn über den „schmierenden Saujud“, so hatte er dem Gerichtshof seine Tat erklärt, habe ihn „zur Gänze der Sinne beraubt“.

Die *Stadt ohne Juden* blieb hingegen unvergessen. Am 30. November 1938, acht Monate nach dem „Anschluss“, beging Wien erstmals den „Tag der nationalen Solidarität“; über die verbliebenen Juden – 50 000 hatten zu diesem Zeitpunkt der nationalsozialistischen Herrschaft die Stadt bereits verlassen müssen – wurde ein Ausgehverbot verhängt. Der *Völkische Beobachter* gedachte an diesem Tag des ermordeten Schriftstellers und seines „Schandwerkes“: „Ein ahnungsloser Engel“, höhnte ihm der erste Gauleiter von Wien ins Grab hinterher. Denn Bettauer hatte auch prophezeit, die Wiener würden letztendlich ihre Juden reumütig wieder zurück in die Stadt heimholen, weil sie schon bald einsehen müssten, dass das öffentliche Leben ohne den kulturellen, wirtschaftlichen und sozialen Beitrag der Juden schal, trüb und provinziell geworden ist.

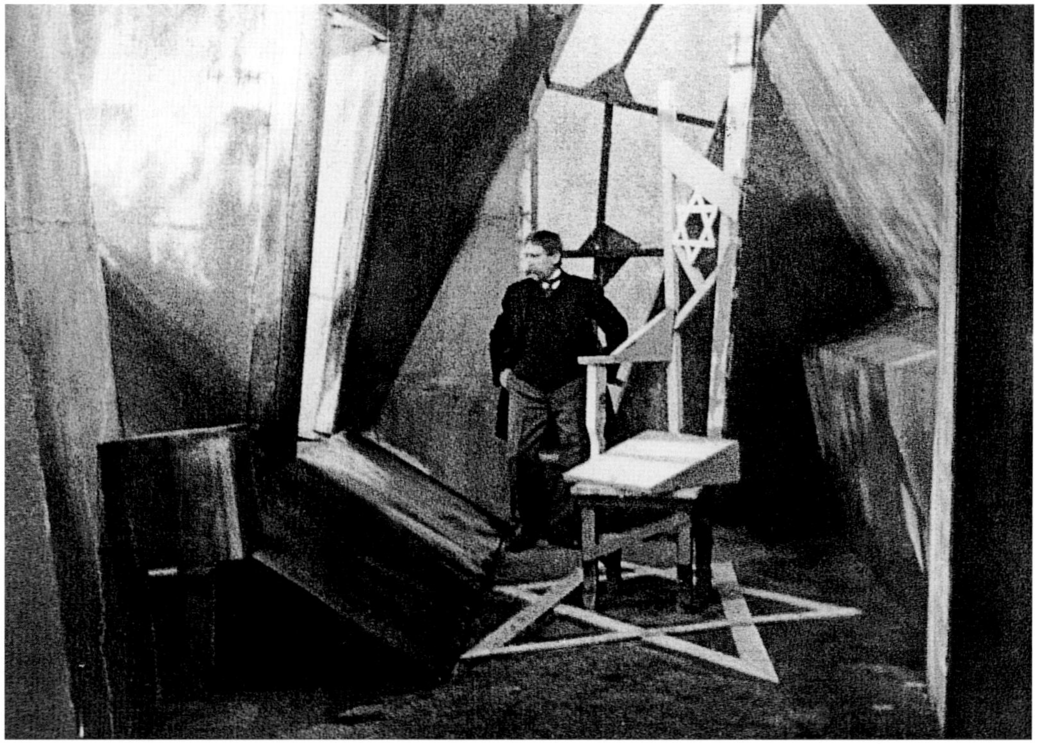

Hans Moser als antisemitischer Parlamentarier in der Verfilmung von Hugo Bettauers Roman *Die Stadt ohne Juden*, uraufgeführt am 25. Juli 1924 in Wien. Das Szenenfoto stammt aus einer Alptraum-Sequenz, die im Roman so nicht geschildert wird, in welcher der Reichtagsabgeordnete Bernart in seinem antisemitischen Verfolgungswahn durch die Stadt irrt. Benutzt wurde dazu eine Kulisse, deren Verfremdungseffekt Anleihen beim deutschen Kinoexpressionismus nimmt.

Der Wiener Boden war durch Generationen von Antisemiten der unterschiedlichsten Preisklassen gründlich gedüngt und vergiftet worden, im untergehenden Reich der Habsburger-Monarchie ebenso wie im krisengeschüttelten Restösterreich der Ersten Republik. Politiker, Journalisten und Versammlungsredner, eine heillos zerstrittene und dennoch im Judenhass geeinte Koalition aus christlichsozialen Kleinbürgern, vaterländischen Vereinsführern, treudeutschen Volkspfarrern, antiklerikalen Alldeutschen, großdeutscher Landaristokratie und rebellierenden Provinzgelehrten schürte unermüdlich die Hetzpropaganda. Sogar die österreichische Arbeiterbewegung, deren Gründungsvater selbst seine jüdische Herkunft nicht verleugnete, war nicht frei von antisemitischen Reflexen.

Judenhass, das war nach der kläglichen Niederlage des österreichischen Liberalismus in der zweiten Hälfte des 19. Jahrhunderts die schärfste und auch stets griffbereite Waffe in den politischen Kämpfen des überlebensverzagten Landes – gleichgültig, welcher Konflikt gerade ausgetragen wurde. Mark Twain, der 1897 im Wiener Reichsrat den handgreiflichen Tumult beim Sturz der Regierung miterlebte (das Kabinett des Grafen Badeni war an dem Versuch gescheitert, Tschechisch als Amtssprache in den böhmischen Kronlanden einzuführen), glaubte sich in das Cowboyparlament aus den Pioniertagen von Arkansas zurückversetzt. Verwundert notierte der Yankee auf Reisen: „Es sind keine Juden anwesend, Juden haben mit der Sache nichts zu schaffen, kein Jude hat irgend jemandem etwas angetan, und dennoch herrscht nur in einer einzigen Frage Einigkeit: Die Juden werden für alles verantwortlich gemacht."

Schon die niedergeworfene März-Revolution von 1848 wurde von der siegreichen Restauration jüdischen Drahtziehern angelastet. Die Flugschrift *Schild und Schwert* ereiferte sich gegen die liberale „Judenpresse", das Pamphlet *Die Geißel* verhöhnte die Erhebung in verballhorntem Jiddisch: „Die krause Konstitution, so hot gmocht fer Oestraich der David Abraham Levysohn." Der schrillste Rufer im antisemitischen Chor aber war selbst ein Kind der Revolution: die *Wiener Kirchenzeitung*. Nach der Aufhebung der Pressezensur von dem Kaplan von Altlerchenfeld und späteren päpstlichen Hausprälaten Sebastian Brunner gegründet, hetzte das katholische Journal gegen „orientalische Literaturwanzen" und gegen „Mosaiker neuen Schlages, welche ihre Bedeutung in der heutigen Gesellschaft einzig der Verquickung des jüdischen Unglaubens mit giftigem Hass gegen christliche Lehre und katholische Übung verdanken".

Oben: Propaganda-Karte („Vergewaltigung der Deutschen") mit Darstellung einer Prügelszene aus dem österreichischen Reichsrat vom 26. November 1897
Unten: „Einig u. stark, deutsch bis in's Mark!". Propaganda-Karte anlässlich der Auseinandersetzungen um die Badenische Sprachenverordnung von 1897. Farblithographie

Hinkünftig wurden die Juden für alle Krisen und für alle Ängste der verunsicherten Bevölkerung verantwortlich gemacht. Die Industrialisierung erfasste die antiquierte Wirtschaftsstruktur des Landes, am 9. Mai 1873 erschütterte der Zusammenbruch der Wiener Börse die Gründerzeit. Die Schuldigen: jüdische Spekulanten, jüdische Raffgier, jüdische Hinterlist. Brunners Nachfolger als Chefredakteur der *Wiener Kirchenzeitung*, Pater Albert Wiesinger, nebenbei Verfasser antijüdischer Erzählungen (beispielsweise: *Mord in der Judengasse*), prägte die Generalformel künftiger Gedankenpogrome: „Liberalismus ist gleich Judentum."

Als Erste hatte die katholische Kirche, stets darum besorgt, ihre tonangebende Rolle im Staat nicht einzubüßen, den Antisemitismus als politisches Instrument im Kampf gegen den Zentralismus des habsburgischen Herrscherhauses entdeckt. Besonders ultramontane Kleriker, Geistliche, die Papst und Vatikan bedingungslos ergeben waren, kämpften verbissen mit der weltlichen Autorität um das Machtmonopol in der Gesellschaft. Die jüdische Bevölkerung der österreichisch-ungarischen Monarchie erblickte seit dem Toleranzpatent des aufgeklärten Joseph II. in den Wiener Kaisern ihre obersten Schutzherren, denen sie sich in unerschütterlicher Loyalität verbunden fühlte. Ihr Schicksal schien ihnen mit dem Schicksal der Monarchie eng verknüpft, und das jeweilige Familienoberhaupt der Dynastie galt ihnen als patriarchalischer Protektor. Vor allem der philosemitische Franz Joseph I. wurde von seinen hungernden Untertanen in der jüdisch-galizischen Grenzprovinz mit nahezu kindlicher Bewunderung verehrt.

Der Dichter Joseph Roth beispielsweise, aus der Grenzstadt Brody gebürtig, bewahrte sich sein Leben lang einen treuherzigen, schwärmerischen Monarchismus, den er etwa in seiner Romanelegie *Kapuzinergruft* in einen literarischen Sarkophag bettete: „Alle österreichischen Kaiser liebe ich: jenen, der dir gefolgt ist, und alle, die dir noch folgen werden. Aber dich, mein Kaiser Franz Joseph, such ich auf, weil du meine Kindheit und meine Jugend bist. Ich habe dich begraben: für mich bist du niemals gestorben!" Mit verklärter Sentimentalität hielt der jüdische Romantiker noch in den letzten Jahren der Ersten Republik Andacht in der Grablege des Herrschergeschlechts. Fern jeglicher Realität sah er nur in der patriarchalischen Staatsidee des greisen Landesvaters Rettung vor der antisemitischen Bedrohung und dem Untergang im Nationalsozialismus: „Vom Kaiser aus führt ein näherer Weg zum bosnischen Maronibrater und zum galizischen Talmudjuden als zum sudetendeutschen Historiker der Wiener Universität."

Just in der Regierungszeit dieses Kitschkaisers, der kraft seiner neoabsolutistischen Onkelei die Erinnerung an das Revolutionsjahr 1848, das ihm auf den Thron verholfen hatte, wieder auszulöschen suchte, formierten sich antisemitische Ideologen und Volksaufwiegler. Akademische Scharfzüngler, „blond, bebrillt und sozusagen sendungssüchtig" (Joseph Roth), christlichsoziale Stimmenfänger und konservative Frömmler, geistig der Inquisition nicht entwachsen, hetzten an vorderster Front. Allen voran der katholische Kirchenapparat, der mit feindseligem Argwohn die zaghaften Versuche zur Modernisierung von Staat und Gesellschaft verfolgte, verlegte sich auf antisemitische Höllenpredigten, wie sie seit den Zeiten des barocken Glaubenseifers nicht mehr gehört worden waren. In gleichem Maß, in dem in der liberalen Epoche die Macht der katholischen Kirche zurückgedrängt wurde, nutzten die klerikalen Kräfte der Monarchie – mit stillschweigender Unterstützung des Vatikans – den Judenhass in der politischen Agitation für ihre Zwecke.

Die liberale Partei wurde in Österreich immer mit dem jüdischen Großbürgertum gleichgesetzt. Die liberalen Reformer waren kläglich gescheitert, und fortan wurde den Juden die Schuld an allen Krisen des Habsburger-Reiches zugeschoben. Schließlich entstand sogar eine unausrottbare Dolchstoßlegende: Die liberalen, jüdischen Berater des Kaisers hätten den Niedergang der Monarchie heraufbeschworen und ihren Untergang zu verantworten.

Der kaiserliche Diplomat Julius von Stepski etwa, ein Großdeutscher, der unter anderem k. u. k. Konsul in Port Said und Venedig war, bediente sich dieser antisemitischen Flüsterpropaganda in seinen Lebenserinnerungen *Geschichte und Intrige* (Wien 1940). Er beschrieb darin die Tarockabende Franz Josephs im Haus der Hofschauspielerin Katharina Schratt, dem Trost seiner späten Jahre, „bei denen der Kaiser gewohnheitsmäßig mit Juden zusammenkam". Einer der kaiserlichen Tarockpartner, der Generaldirektor der Länderbank Eduard Palmer, sei „einer der ganz großen und gefährlichen Vampyre der internationalen Hochfinanz", ein anderer hingegen, der Sektionschef Schulz, sei „aalglatt, dienstbereit, jedoch eigenwillig rechthaberisch, dabei sarkastisch bissig und doch sentimental" gewesen; beide, ausgewiesen „durch ganz besonders stark ausgeprägte Grundzüge ihrer Rasse", hätten „den Kaiser im Sinne ihrer Weltanschauung zu beeinflussen – ja, geradezu zu beherrschen" gewusst. Kein Wunder sei daher die „unglaublich große Zahl der von ihm geadelten oder sonst ausgezeichneten Hebräer", kein Wunder, dass „zahllose Juden und Judenstämmlinge Offiziere wurden und als Konzeptsbeamte in den Staatsdienst treten konnten". Dadurch, so erinnerte sich der arische Konsul, sei es zu einem „Einbruch der jüdischen Mentalität", zu „intellektueller Verseuchung" und zur „selbstverständlich immer bestrittenen geistigen Verjudung, die vielfach auch zu blutsmäßiger Bastardisierung führte" gekommen.

Tu infelix Austria: die Hofburg verjudet, der Kaiser verseucht. „So war es beispielsweise auch möglich", berichtete Julius von Stepski, „daß unter den ganz klugen Diplomaten, die am Ballhausplatz das bewußte Ultimatum an Serbien ausklügelten [welches im Sommer 1914 nach dem Attentat auf den Thronfolger Franz Ferdinand in Sarajewo zum Ausbruch des Ersten Weltkrieges führte; Anm.], sich ein gräflicher Halbjude und zwei geadelte Volljuden befanden. Einer von ihnen hatte, nebenbei bemerkt, seinerzeit sogar die allerhöchste Genehmigung von Seiner Majestät erhalten, als erster Kandidat mosaischen Bekenntnisses den Staatsbeamteneid statt auf das Kruzifix auf die Thora schwören zu dürfen."

Leichenzug von Kaiser Franz Joseph I.: Prunkleichenwagen vor dem Stephansdom. 30. November 1916. Photographie

Gegen das liberale, als jüdisch stigmatisierte Bürgertum formierte sich von 1870 an verstärkt eine klerikal-kleinbürgerliche Opposition, die innerhalb kurzer Zeit die Macht übernahm. In Ergänzung zu Joseph Roth, der in *Juden auf Wanderschaft* behauptete, nur ein Journalist aus Wien habe sich die Idee des Zionismus einfallen lassen können, muss hinzugefügt werden, nur ein kleinbürgerlicher Volkstribun aus Wien, der es zum Idol der Spießerseelen gebracht hatte, konnte den politischen Antisemitismus in die Welt setzen, jenes oft bis heute nachwirkende Propagandainstrument, das in einer ungeahnten Menschheitskatastrophe kulminieren würde. Nach

Oben: Der Wiener Bürgermeister Karl Lueger (1844–1910). 1897. Photographie
Unten: Karl Lueger, christlichsozialer Bürgermeister von Wien (1897–1910), im Kreis von Anhängern in einem Wiener Gasthausgarten (ganz rechts sitzend). 1905. Photographie

zahllosen Fraktionierungen und Richtungskämpfen entwickelte sich die antiliberale Kleinbürgerbewegung, die in ihren ersten Jahren unter dem Kampfnamen „Antisemitenbund“ aufgetreten war, zu der christlichsozialen Partei des Volkstribunen Karl Lueger. Der „schöne Karl“ wurde der Abgott der kleinen Leute in Wien, die fürchteten, von vielseitigen Umwälzungen, die der moderne Geist mit sich brachte, überrollt zu werden. Zwar warnte noch einer der Väter der Partei, Karl von Vogelsang, dessen katholische Soziallehre in die päpstliche Enzyklika *Rerum novarum* Aufnahme fand, vor den rabiaten antisemitischen Tönen, die überall begeisterten Widerhall fanden, doch seine Schüler und Mitstreiter kümmerte das wenig.

Schon die erste Parteigazette, die *Illustrierte Wiener Volkszeitung*, nannte sich im Untertitel stolz „Organ der Antisemiten“, und zum politischen Kampf im Wiener Landtag sammelten sich die Christlichsozialen im „Antisemitischen Zentralkomitee“. Der Parteifunktionär Ernest Schneider, ein rabiater Polterer aus der Leibgarde Luegers, forderte bald ganz offen im Reichsrat ein „Schußgeld für Juden“; seine Getreuen verliehen ihm daraufhin den Ehrennamen „Judentöter“. Der Vogelsang-Schüler Anton Orel hatte herausgefunden, dass „der Jude überall als Träger, Verbreiter und Führer aller zersetzenden Bestrebungen auftritt“. Der Tag der Abrechnung stehe bevor: „Deshalb wird der Kampf zwischen Recht und Unrecht ein Kampf zwischen Christentum und Judentum sein.“

Der Volksprediger Josef Deckert, populär als „Pfarrer von Weinhaus“, ging einen Schritt weiter: „Die Juden müssen für die christlichen Völker unschädlich gemacht werden“, die Emanzipation der Juden müsse nicht nur zurückgenommen werden, sondern man müsse die Volksschädlinge unverzüglich unter die Kontrolle eines Fremdengesetzes stellen. *Juden raus* und *Der wahre Israelit vor den Wiener Geschworenen* betitelte er seine Kampfschriften. Von seiner Vorstadtkanzel hetzte der „tapfere Gottesstreiter“ gegen „Ritualmörder, Blutsauger, ewige Shylock-Naturen“ – selbst der Rassenantisemitismus war für ihn mit der katholischen Lehre vereinbar. Ähnliches lehrte auch der Jesuitenpater Heinrich Abel, gebürtig aus Passau, in dem sogar die liberale Presse einen wiedererstandenen Abraham a Santa Clara entdeckt haben wollte. Dieser „Männerapostel von Wien“ – denn Frauen mochte er nicht dulden,

wenn er wallfahrte oder seine Gewitterworte erschallen ließ – predigte „in der bestimmten Überzeugung, daß das Unglück des österreichischen Volkes in seiner Verknechtung durch die Juden und den jüdischen Geist besteht". Der Pater verwahrte eine teure Reliquie: einen Stock, mit dem sein Vater einst einen Juden verprügelt hatte.

Vergeblich appellierte 1895 der Prager Kardinal Franz Graf Schönborn an Papst Leo XIII., er möge die vatikanische Unterstützung für die österreichischen Christlichsozialen und ihren „Antisemitismus in seiner abstoßendsten Form" einstellen. Den Schreibtisch des Heiligen Vaters zierte zu diesem Zeitpunkt bereits ein Portraitphoto von Karl Lueger. Der Mann auf dem apostolischen Stuhl ließ den Führer der Radaukatholiken in einer Botschaft wissen, „daß er im Papste einen warmen Freund besitze, der ihn segne". Für den antisemitischen Wiener Pöbel war die Judenhetze nun quasi ex cathedra sanktioniert. „Nun konnte die österreichischen Katholiken nichts mehr beirren", erinnerte sich später Friedrich Funder, einer von Luegers Kampfgefährten und Schriftleiter der *Reichspost*, des „christlich-deutschen Tagblattes".

Im Jahr des päpstlichen Segens hatten kleine Gewerbetreibende, Hausbesitzer, Lehrer und Beamte den abgefallenen Liberalen Lueger zum Bürgermeister von Wien gewählt, die erste Machtposition war erobert. Allerdings bestätigte ihn der Kaiser erst zwei Jahre nach der Wahl in seinem Amt, denn bei Hof wollte man es nicht wahrhaben, dass künftig der plebejische Volksliebling den Ton angeben sollte. Es heißt, dass Franz Joseph, als er den neuen Bürgermeister seiner Residenzstadt in Audienz empfangen musste, nur drei Worte sprach: „Sei'n S' stad!"

Karl Lueger: „Schaue ich aus, als ob ich ein Judenfresser wäre?" Dezember 1892. Zeitungsillustration von Friedrich Kaskeline in *Glühlichter*

Aber *stad* blieb er nicht, hielt mitnichten den Mund. Er führte seine Anhänger während der „Badeni-Tage" in die Tumulte auf den Straßen Wiens, in jene deutschnationalen, antisemitischen Unruhen, die Mark Twain im Reichsrat miterlebt hatte; schließlich erzwang der christlichsoziale Pöbel beim Kaiser die Entlassung des Ministerpräsidenten.

Lueger war populär und intolerant, ein kleinbürgerlicher Chauvinist, der in der Sprache der Kutscher und Heurigensänger die Herzen der Wiener für sich eroberte. Dröhnend jonglierte er mit antisemitischen Parolen: „Die Juden sind der Lindwurm, der die Deutschen in Fesseln geschlagen hat ... dieser Lindwurm muß erlegt werden." Bis zu seinem Tod im Jahr 1910 war er der unumschränkte „Herr von Wien", und Luegers Partei wurde zur stärksten Kraft im Staat.

Im Jahre 1900 – in jenem Jahr, in dem Sigmund Freuds *Traumdeutung* erschien – veröffentlichte der christlichsoziale Reichsratsabgeordnete und Professor für Moraltheologie Joseph Scheicher, ein Zögling des katholischen Kirchenzeitungs-Gründers Sebastian Brunner, seine Erzählung *Aus dem Jahre 1920 – Ein Traum*, in der ein verschollener Nordpol-Luftschiffer heimkehrt und in Wien eine gespenstische Stadt ohne Juden vorfindet. In dieser sozialen Utopie, der wohl seltsamsten Huldigung an Karl Lueger, wird der christlichsoziale Parteiführer zum „Führer der Ostmark", zum Retter der „Vereinigten Oststaaten", eines föderalistischen Groß-Österreichs; die Leopoldstadt – der zweite Gemeindebezirk, ehemals das Ghetto, in dem ein Großteil der jüdischen Bevölkerung nach wie vor lebte – hieß nun „Lueger-Stadt“, das Parlament war ausgeschaltet, „stramme, feste Männer“ hatten die Krakeeler aus dem „Sauhaufen“ in ein Irrenhaus geschleift, das Motto lautete nunmehr: „Wir sind Brüder.“ Kurz: „Ein echter Volksstaat“, in dem kein Platz mehr war für „Juden, Judensoci, Opposition“.

Der Autor dieser erschreckend zukunftweisenden Schrift, der steirische Bergbauernsohn Joseph Scheicher, war ein enger Vertrauter des Wiener Volkstribunen Lueger, ein einflussreicher Mann, der mit rebellischer Kampflust von sich reden machte: „Ich bin ein sogenannter nationaler, deutsch ausgedrückt, ein deutschvolklicher Geistlicher“, bekannte er freimütig und hisste Sturmfahnen: „Germanen, seid stark! Laßt euch nicht von Juden und Hunnen unterdrücken und mißbrauchen!“

In Wien, so Scheicher, herrschte nämlich große Not: „Alles gehört den Plattfüßlern, Juden, Juden, so wie Sand in der Wüste Sahara – wo man hinspuckt – nichts als Juden.“ Die jüdische Zinsknechtschaft habe die „Christen versklavt und unterjocht“, jüdische Mädchenhändler verschleppten ihre Opfer „zum Lose langsamen Verfaulens in Bordelle fremder Städte“ und „martern eine Person jahrelang, bis sie an Läusen, Krätze, Syphilis und Ekel langsam verschmachtet“; „Judendichter kitzeln die Sinneslust und reißen Zoten“; jüdische Einwanderer verbreiteten „Unzucht und Scrophulose“ und trachteten, die „arische Urbevölkerung auszurotten“: „Dieses Volk hat schlimmer als die Pest gehaust.“

Im Kreise seiner Tischgesellschaft im Michaeler Bierhaus, einer biederen Gaststätte im Zentrum Wiens, versammelte Scheicher seine christliche Schattenregierung und entwarf einen Modellfall, wie Lueger und „seine Brüder“ das Land vor dem drohenden Untergang bewahren könnten: Die Juden werden vertrieben. „Wir haben aufgeräumt. Wer sich gegen den Staat vergeht, wird unerbittlich aufgehängt“, erklären die Retter des Vaterlandes in der visionären Gruselgeschichte des Prälaten: „Nun, wir haben einige tausend Galgen in Anspruch genommen. In Wien haben wir einmal dreihundert Juden und zwanzig Arier an einem Tag gehängt ... Hoch die Wiedergeburt des christlichen Volkes! ja, Heil uns!“

Noch 1932, im heftigen Abwehrkampf gegen die zügellosen österreichischen Nationalsozialisten, erinnerte sich die *Reichspost*, das Organ der Christlichsozialen, wehmütig des ungestümen Volkshelden: „Bei der Eroberung Wiens durch Lueger war eine der zündenden Ideen der Antisemitismus.“ Der Parteifunktionär Otto Günther ließ in jenem Jahr, in dem in Deutschland der Lueger-Bewunderer Hitler kurz davor stand, die Macht zu ergreifen, ein besorgtes Memorandum in Wien zirkulieren, in dem er seine Mitstreiter an die alten Tugenden der Partei erinnerte: „Mit dem Antisemitismus der christlich-sozialen Partei ließen sich stets gute Geschäfte machen. Ich bin gewiß überzeugt, daß ein verschärfter Antisemitismus in weiten Kreisen lebhaften Anklang finden würde. Der Zweck, nicht geringen Wählermassen sozusagen aus der Seele zu sprechen, wäre voll und ganz erreicht. Auch ein erzieherisches Moment wäre sicherlich erzielt, indem dem destruktiven Teil der Judenschaft ein nicht mißzuverstehendes ‚Bis hierher und nicht weiter‘ zugerufen wird!“

Der antisemitische Wunschtraum, die Vorstellung,

„Lueger, Vater Unser!“: Antisemitisches Flugblatt, das am 3. August 1896 gerichtlich verboten und wegen „Beleidigung einer Religions-Genossenschaft“ konfisziert wurde

Lueger, Vater Unser!

Vater Lueger, der Du wohnst in Wien, gelobt sei Dein Name, beschütze unser christliches Volk, Dein Wille geschehe allen christlichen Völkern dieser Erde, verschaff' uns keine Börse, sondern nur christliches Brod, Vergieb uns allen Schuldnern, die durch jüdische Wucherhände sind betrogen worden, auch wir wollen ihnen vergeben, führe uns nicht in Versuchung eines anderen Sinnes zu werden, sondern erlöse uns von dem Juden-Uebel-Amen.

Wien könnte eines nahen Tages, so wie es der gottesfürchtige Prälat Scheicher um die Jahrhundertwende fabulierte, die *Reichspost* es sich zwei Jahrzehnte darauf ausmalte und der wortlistige Hugo Bettauer es in seinem sarkastischem Boulevardroman schilderte, Wien könnte über Nacht zu einer Stadt ohne Juden werden, das war im Erscheinungsjahr des Bestsellers eine weniger gespenstische denn aberwitzige Vision. Damals lebten laut der Volkszählung von 1923 genau 201 513 Angehörige der jüdischen Glaubensgemeinschaft in Wien (in ganz Österreich waren es 220 208). In ihrem Tätigkeitsbericht für die Jahre 1933 bis 1936 listet die Israelitische Kultusgemeinde 95 Synagogen mit insgesamt 29 200 Sitzplätzen in Wien auf. Es wurden 47 private Bethausvereine unterstützt, an 83 Volksschulen, 58 Hauptschulen und 55 Mittelschulen erhielten knapp 20 000 Schüler jüdischen Religionsunterricht. 24 Talmud-Schulen, sieben wissenschaftliche Institutionen, acht Studentenvereine, elf Sportvereine, 29 Jugendorganisationen sowie mannigfache soziale, kulturelle und pädagogische Institutionen (von der Koch- und Gartenbauschule oder dem Jüdischen Schauspielerverein über Kindergärten, Schulen, Altersheime, Kranken- und Waisenhäuser oder dem Blindenheim bis hin zum Kindererholungsheim in Payerbach-Küb) wurden subventioniert.

Zu haben bei Jakob Bader, Buchhändler,
Stadt Strobelgasse, Nr. 864.

Preis 2 kr. CM.

Die Juden

werden immer zudringlicher!

Hüthet, und aber und abermals hüthet Euch vor der Juden-Herrschaft!!!

Nicht der Unterschied des Glaubens, sondern die Handlungsweise charakterisiret den Menschen.

„Die Juden werden immer zudringlicher!":
Antsemitisches Flugblatt. Um 1890

Der Anteil der Juden – jener, die in der Israelitischen Kultusgemeinde organisiert waren – an der Gesamtbevölkerung war mit Ausbruch des Ersten Weltkrieges rasant angestiegen und lag im ersten Jahrzehnt nach Kriegsende bei 10,8 Prozent (im Wien des Fin de Siècle waren es erst rund acht Prozent gewesen; 40 Jahre davor, also vor der staatlichen Gleichstellung, zählte die Wiener Jüdische Gemeinde noch weniger als 10 000 Mitglieder).

Nach Warschau beheimatete Wien die zu diesem Zeitpunkt größte und insgesamt wahrscheinlich bedeutendste Jüdische Gemeinde Europas. Viele Schtetl-Juden, mittellose Flüchtlinge aus den verlorengegangenen Ostprovinzen der zerschlagenen Monarchie, waren in die Stadt geströmt (der Flüchtlingsstrom hatte bereits im ersten Kriegswinter nach den verheerenden Niederlagen der Habsburger-Armee in Galizien eingesetzt). Diese Neuankömmlinge bereicherten die ansässigen Juden um ein Element archaischen Judentums. Sie gesellten sich zu Handwerkern, Händlern, Intellektuellen, Künstlern, Anwälten, Ärzten, Geschäftemachern, Luftmenschen und saturierten Bürgern.

Diese divergente jüdische Bevölkerungsgruppe hatte sich schnell in allen sozialen und kulturellen Schichten ausgebreitet: von den Elendsquartieren des Lumpenproletariats bis zu den Ringstraßenpalais des Großbürgertums. Sie waren Hungerleider und Wohltäter, Mäzene und Schmarotzer, Spekulanten und Betrogene, Schöngeister und grobschlächtige Schaumschläger, Dichter, Maler und Komponisten, politische Rebellen, Sozialreformer und intellektuelle Aufrührer, fromme Weise und kühne Gelehrte. Sie alle prägten das Erscheinungsbild der Stadt, die für kurze Zeit zu dem

Oben: Jakob Wassermann (1873–1934). 1924. Photographie von Grete Kolliner
Gegenüber: Stefan Zweig (1881–1942). 1920. Photographie von Franz Xaver Setzer

europäischen Zentrum der Diaspora, zu einem verklärten Hoffnungsschimmer für Zufluchtssuchende und zu einer Hochburg frommer Gelehrsamkeit geworden war.

Die große Bedeutung, welche der jüdische Bevölkerungsteil für das gesamte Leben in Wien besaß, war Beobachtern schon seit je ins Auge gestochen. Als der aus dem fränkischen Fürth gebürtige Schriftsteller Jakob Wassermann nach der Jahrhundertwende für eine Zeit nach Wien zog, machte ihn „ein Umstand bereits nach kurzem Aufenthalt stutzig", wie der Romancier in seinen Lebenserinnerungen notierte: „Während ich draußen mit Juden fast gar keinen Verkehr gepflogen hatte ... zeigte sich, daß hier fast alle Menschen, mit denen ich in geistige oder herzliche Berührung kam, Juden waren."

Natürlich zogen sich quer durch die inhomogene jüdische Bevölkerungsgruppe ebenso tiefe Bruchlinien wie durch den Rest der Stadt. Nicht ganz zutreffend nannte der Romancier Stefan Zweig, Spross eines wohlhabenden jüdischen Textilunternehmers, der sich später als „Jude aus Zufall" bezeichnete, in seinem Epochenportrait *Welt von Gestern* die Zeit vor dem Beginn der Vertreibung und der Shoah „Jahre der letzten Windstille". Antisemitismus ist in ihr ebenso ein bedeutsamer Teil der jüdischen Lebenswelten, wie es die Animositäten sind, die zwischen den unterschiedlichen jüdischen Milieus herrschen: soziale Konflikte zwischen ostjüdischen Zuwanderern und westlich geprägten Juden, kulturelle Divergenzen zwischen leidenschaftlichen Traditionalisten und akkulturierten Erneuerern, politische Konfrontationen zwischen Zionisten, revolutionshungrigen Klassenkämpfern oder integrationsbemühten, antinationalen Gruppen. Ein großer Teil der Zionisten unterstützte etwa aktiv das austrofaschistische Regime, das sozialistische Juden in Emigration und Illegalität gezwungen oder interniert hatte. Der Gemeindepräsident Desider Friedmann saß im Staatsrat des autoritären Heimwehr-Staates, den das Gemeindemitglied Otto Bauer, der führende Theoretiker der Austromarxisten, nicht mehr zu betreten wagen konnte.

Ebenso wenig wie die Bevölkerung von Wien in jenen Jahren einen monolithischen Block bildete, taten dies die Juden. Und zwischen ihnen und den übrigen Bewohnern von Wien herrschte ein ausgeprägtes Spannungsverhältnis, ebenso wie beide Gruppen auch gegenseitig durchdrungen und miteinander verwoben waren. Auf Wien und seine jüdische Bevölkerung traf das Assimilationsmodell, also jenes der Angleichung, weit weniger zu als das Modell einer Emulsion: die kolloide, fein zerteilte Verteilung zweier letztlich nicht miteinander vermischbarer Substanzen. Da die eine mit der anderen nicht verschmelzen kann, bilden beide in einem dispersen System eine neue, dritte Substanz. Um diese Vermengung zu ermöglichen und zu stabilisieren, bedarf es eines Hilfsmittels, eines Emulgators. Das war der Genius loci von Wien, also die geistige Atmosphäre der Stadt, die sich aus den rivalisierenden Identitäten ihrer Bewohner speiste.

Oben links: Innenansicht des Leopoldstädter Tempels. Um 1880. Gemälde von Richard Moser

Oben rechts: Die 1853 bis 1858, nach Plänen Ludwig Försters errichtete, monumentalste Synagoge Wiens, der sogenannte „Große Tempel". Um 1865. Farblithographie von Rudolf von Alt

Unten: Kleines Bethaus in Wien mit dem Schild „Sephardische Synagoge ‚Gemeinde Jakobs'". Um 1930. Photographie von Abraham Pisarek

Oben: Die Seitenstettengasse vom Rabensteig, links der Stadttempel der jüdischen Gemeinde in Wien I., Seitenstettengasse 2–4, von Joseph Kornhäusel 1825/26 erbaut. Um 1898. Photographie
Unten: Kaiser Franz Joseph-Huldigungs-Tempel (Synagoge) in der Pazmanitengasse in Wien-Leopoldstadt. Um 1900. Photographie
Rechts: Der türkisch-israelitische Tempel der sephardischen Gemeinde in Wien-Leopoldstadt, Zirkusgasse 22, 1885/86 von Hugo von Weidenfeld im maurischen Stil erbaut. Um 1900. Photographie

Oben: Der Judenplatz (Prospect deß Juden Platzes). Tafel 14/Teil 2: Keyserl. Burg und Lust-Häußer. 1725. Kupferstich von Salomon Kleiner. Johann Andreas Pfeffel: Augsburg 1724–1737

Unten: Der Judenplatz gegen Osten. Um 1895. Photographie

Oben: Jüdische Geschäfte in der Salvatorgasse. Um 1900. Photographie

Unten: Die Judengasse. Um 1900. Photographie

Rechts: Jüdische Kaufleute vor einem Hutgeschäft in der Wiener Judengasse. Um 1900. Photographie
Unten links: Blick in die Judengasse. 1933. Photographie von Abraham Pisarek
Unten rechts: Jüdische Kaufleute vor einem Laden für Gebrauchtkleidung in der Wiener Judengasse. Um 1900. Photographie

Links: „Hausierjude". 1878. Photographie von Otto Schmidt
Oben: Leopold von Wertheimstein (1801–1883), Wiener Bankier, Vater der wegen ihres Salons in ihrer Döblinger Villa berühmten Franziska von Wertheimstein. Anonyme Photographie aus einem Photoalbum von Ignaz Franz Castelli
Unten: Ignaz (Iggie) Ephrussi (1906–1994). 1920. Photographie von Franz Xaver Setzer

Oben: Das Palais Ephrussi am Franzensring, 1872/73 von Theophil Hansen erbaut. Um 1880. Photographie
Rechts: Typische Ghettohäuser in der Tandelmarktgasse auf der „Mazzesinsel", dem 2. Bezirk Leopoldstadt. Um 1890. Photographie

Oben links: Jüdischer Hausierer und Dienstmann in Wien I., Graben. Um 1910. Photographie von Emil Mayer
Unten links: Jüdische Zuwanderer in Wien. Der überwiegende Teil kam gegen Ende des 19. Jahrhunderts aus Böhmen, Mähren, Ungarn, Galizien und der Bukowina. Um 1910. Photographie von Emil Mayer

Oben: Massenquartier: Der größte Schlafraum im Asyl in der Floßgasse, Wien-Leopoldstadt. 1908. Photographie von Hermann Drawe.
In: Emil Kläger: *Durch die Wiener Quartiere des Elends und Verbrechens*. Verlag Karl Mitschke: Wien 1908

Oben links: Wechselstube Felix Epstein in Wien, Stock-im-Eisen-Platz, an der Ecke zur Kärntner Straße. Um 1900. Lichtdruck von J. Löwy, Wien
Oben rechts: Eduard Freiherr von Todesco (1814–1887), Textilindustrieller und Eisenbahnmagnat, mit Kammerdiener. Um 1875. Photographie
Rechts: Die Kärntner Straße in Wien, links die Staatsoper, rechts in der Bildmitte das Palais Todesco. 1876. Aquarell von Rudolf von Alt

Links: Küche in einem Massenquartier in Wien II. 1908. Photographie von Hermann Drawe. In: Emil Kläger: *Durch die Wiener Quartiere des Elends und Verbrechens*. Verlag Karl Mitschke: Wien 1908
Unten: Ein jüdischer Straßenhändler auf der Mariahilfer Straße, im Hintergrund das Modehaus „Ludwig Zwieback & Bruder", an seiner ersten Adresse, Mariahilfer Straße 111, Ecke Webgasse. Um 1900. Photographie von Franz Xaver Setzer

Oben links: Gruppenportrait dreier Damen im Modehaus „Ludwig Zwieback & Bruder", einem der fashionabelsten Bekleidungsgeschäfte Wiens an der Kärntner Straße 11/15, Ecke Weihburggasse. 1913. Photographie von Madame d'Ora
Oben rechts: Die Schauspielerin Elsa Galafrés (1879–1971). 1910. Photographie von Madame d'Ora
Rechts: Ella Zirner-Zwieback (1878–1970), die Wiener Modekönigin in ihrem Büro. Um 1925. Photographie

Oben: Spielszene aus dem Fußballmatch FAC (Floridsdorfer Athletiksport Club) gegen Hakoah auf dem Wiener FAC-Platz. 1928. Photographie von Lothar Rübelt
Links: Ein jüdisches Fußballteam aus dem Wiener Arbeiterbezirk Ottakring. Um 1925. Photographie

Oben: Baron Alfons Rothschild (1878–1942), rechts mit grauem Zylinder, mit dem Siegerpferd im Derby 1932 in der Wiener Freudenau. 1932. Photographie von Lothar Rübelt
Rechts: 100-Meter-Lauf im Rahmen eines Leichtathletikwettbewerbs auf dem Hakoah-Platz. 1930. Photographie von Lothar Rübelt

K. K. Lotterie Col=
lectur
Verlorner Hund
Musick
LAMOLINARA
Coriolan

2. Kapitel
IM DRITTEN ANLAUF

Missernten, Hungersnöte, Bauernaufstände in allen Provinzen des Reiches. Aber noch hält der Kutscher Europas, Österreichs Staatskanzler Klemens Wenzel Fürst Metternich, die Zügel fest in der Hand. Die Unruhen werden blutig unterdrückt, überall stöbern die Spitzel des Fürsten vermeintliche Aufrührer in ihren Schlupflöchern auf. Das strenge Regime der Zensur unterbindet jede Unmutsäußerung. Doch Anfang März 1848 – in Frankreich ist der König gestürzt, in ganz Europa brodelt es – wird auch die kaiserliche Residenzstadt Wien aus der biedermeierlichen Geborgenheit gerissen.

Nach einem Hungerwinter bangt die große Masse der arbeitslosen Textilarbeiter, die auf der Suche nach Lohn und Brot aus Böhmen und Mähren in die Hauptstadt des Habsburger-Reiches gezogen waren, um ihre Existenz. Die ausgemergelten Gestalten randalieren in den Vororten, der Lärm des Aufruhrs dringt bis zu den Adelspalais und Bürgerhäusern hinter den Befestigungsmauern.

Am Morgen des 13. März 1848 herrscht große Aufregung in den Gassen. Unweit der Hofburg läuft eine bunte Menge zusammen, Studenten, Handwerker, Ladenbesitzer. Der junge jüdische Sekundararzt Adolf Fischhof klettert auf ein Podest und fordert in einer flammenden Rede Pressefreiheit und nationale Gleichberechtigung in dem Vielvölkerstaat. Der Funke springt über, die erregten Bürger beschließen, unverzüglich mit einer Petition direkt zum Kaiser zu marschieren. In dieser außergewöhnlichen Situation verliert der Kommandant des Wiener Garnisonsregiments die Nerven und gibt seinen Soldaten den Feuerbefehl. Die ersten Toten der Revolution stürzen auf das Pflaster.

Unter den gefallenen Helden, die vier Tage später in einem Gemeinschaftsgrab

Gegenüber: Wiener Typen: Drei Wiener Juden. Um 1810. Aquarell von Johann Adolf Opitz
Oben: Adolf Fischhof (1816–1893). Um 1850. Lithographie von Johann Nepomuk Strixner
Links: Darstellung jüdischer Stereotypen nach der Posse „Unser Verkehr" von K. B. Sessa. Nürnberger Bilderbogen. 1822. Kolorierter Kupferstich

Oben links: Wiener Typen: Türkische Juden. Um 1810. Aquarell von Johann Adolf Opitz
Oben rechts: Wiener Typen: Polnische Juden und ein Kutscher. Um 1810. Aquarell von Johann Adolf Opitz

auf dem Schmelzer Friedhof beigesetzt werden, befinden sich zwei Juden: der Webergeselle Bernhard Herrschmann und der Technikstudent Karl Heinrich Spitzer. Unerwartet erscheinen auch der Rabbiner der kleinen jüdischen Gemeinde, Isaak Noah Mannheimer, und sein Kantor Salomon Sulzer bei dem Leichenbegängnis. Ganz vom neuen Geist der Märztage beseelt, lässt sich der katholische Priester zu einer unerhörten Tat hinreißen: Er lädt seine israelitischen Kollegen ein zu gemeinsamem Gebet und gemeinsamer Totenklage. „Ihr, meine christlichen Brüder, habt gewollt, dass die toten Juden da mit euch ruhen in Eurer, in einer Erde", ruft Mannheimer der Trauergemeinde zu. „Vergönnt nun aber auch denen, die den gleichen Kampf gekämpft und den schwereren, daß sie mit Euch leben auf einer Erde, frei und unverkümmert wie Ihr. Nehmt auch uns auf bei euch als freie Männer, und Gottes Segen über euch!"

Zum Greifen nah erscheint plötzlich die so lang ersehnte Emanzipation. Angesichts ihrer Freiheitsmärtyrer in der Totengrube verbrüdern sich Christenheit und Judentum. Bis zu diesem Zeitpunkt hatte die Geschichte der Niederlassung der Wiener Juden nur eine endlose Kette von Rückschlägen, Vertreibungen und Verfolgungen gekannt. Bereits der erste nachweislich in Wien ansässige Jude, der Münzmeister Schlom, den

Oben links: Der Wiener Reformrabbiner Isaak Noah Mannheimer (1793–1865). Um 1850. Lithographie von Adam Sandor Ehrenreich
Oben rechts: „Habts Acht! Nehmts euch zusam Hascheln! ...": Antisemitisches Spottblatt auf die jüdischen Nationalgardisten der Revolution in Wien, die bezüglich „Profit gleiche Rechte mit den Christen" fordern. 1848. Lithographie
Unten rechts: „Wai! – A Wai der Feind kümmt! – A Wai! Se thün auch schießen!": Antisemitisches Spottblatt auf die jüdischen Nationalgardisten der Revolution in Wien, die unter dem Banner „Waehe denen die uns verschmähen" von Schweinen angegriffen werden. 1848. Lithographie

Austreibung der Juden im Jahre 1670. Kupferstich

der Babenberger-Herzog Leopold der Tugendreiche zur Etablierung einer eigenen Münzanstalt ins Land geholt hatte (das Gründungskapital kam aus dem Lösegeld für den englischen König Richard Löwenherz), wurde 1196 von einem Trupp durchreisender Kreuzritter mitsamt seines fünfzehnköpfigen Hausstandes erschlagen.

Die mittelalterliche Gemeinde, die sich dann unter dem Schutz herzöglicher und kaiserlicher Privilegien aus Ermanglung anderer Betätigungsfelder zu einem frühen Zentrum der Geldwirtschaft entfaltete, entging zwar den Pestpogromen in der Mitte des 14. Jahrhunderts. Doch der Habsburger-Herzog Albrecht V., ein religiöser Eiferer, ließ sie 1420 in einem Massaker ausrotten. Den Vorwand lieferte der Verdacht, die Juden würden insgeheim mit der kirchlichen Reformbewegung der Hussiten in Böhmen im Bunde stehen, gegen die das katholische Deutschland einen glücklosen und verlustreichen Krieg führte. Den Ausschlag hatten allerdings ökonomische Interessen gegeben: Der klamme Herzog konfiszierte einfach den gesamten jüdischen Besitz und beschlagnahmte sämtliche Schuld- und Pfandurkunden, die nun von den Schuldnern bei ihm eingelöst werden mussten. Zudem hatte das Konzil von Trient die weltlichen Fürsten ermuntert, die Juden in ihrem Herrschaftsbereich mit Zwangstaufen in den Schoß der Kirche treiben, was dem Raubzug, den der Landesherr bei seinen Untertanen unternahm, ein theologisches Mäntelchen umhängte. Eine jüdische Chronik, das *Wiener Gesera* („Vertreibung"), kündet vom Martyrium vieler Gemeindemitglieder, die sich in ihrer Synagoge einschlossen und gemeinsam, Män-

ner, Frauen und Kinder, Selbstmord begingen. Die letzten Überlebenden der Wiener Gemeinde, 210 Personen, ließ Albrecht schließlich im Folgejahr auf Scheiterhaufen auf der Gänseweide, dem heutigen Erdberg, verbrennen.

Für die nächsten 150 Jahre sollten sich daraufhin keine Juden mehr in der Residenzstadt der Habsburger niederlassen. Erst im beginnenden 17. Jahrhundert siedelten sich wieder einige Hoffaktoren unter dem Schutz kaiserlicher Privilegien an, die zum Nukleus einer neuen Gemeinde wurden, die 1625 nach fortwährenden Protesten ihrer christlichen Nachbarn in ein Ghetto außerhalb der Stadtmauern in der heutigen Leopoldstadt abgeschoben wurde. Das besänftigte allerdings den antijüdischen Furor kaum. Immer wieder kam es zu Tumulten, wurde jüdischer Besitz geplündert und wurden Vorwürfe von Hostienschändungen erhoben. Keine Generation nachdem sie die Häuser in der neuen Judenstadt bezogen hatten, wurden die Bewohner 1669 wieder aus ihnen fortgejagt. Die treibende Kraft hinter der Ausweisung war die bigotte Kaiserin Margarita Teresa, die, zu diesem Zeitpunkt gerade 18 Jahre alt, alle Schicksalsschläge, die sie trafen, vor allem ihre Fehlgeburten, auf die Anwesenheit der Juden in Wien zurückführte. Die leer stehenden Häuser im Ghetto übernahm die Stadtverwaltung zum Verkauf, die Synagoge wurde in eine Pfarrkirche umgebaut. Der finanzielle Verlust, den der Willkürakt den Staat kostete, war beträchtlich. Drei Jahre nach der Vertreibung schätzte die Hofkammer, ihr entgingen jährlich eine halbe Million Gulden an verminderter Handelstätigkeit.

Zudem verschlang die kostspielige barocke Hofhaltung ebenso wie die unentwegten Kriegszüge, welche die Habsburger in ganz Europa unternahmen, Unsummen, die das Herrscherhaus kaum noch aufzutreiben wusste. Der Hof benötigte dringend die Expertise und die internationalen Verbindungen jüdischer Finanzfachleute. Der erste dieser Hofjuden, der dem Wiener Kaiser zu Hilfe kam, war der Rheinländer Samuel Oppenheimer, der zuvor als Kammeragent des Kürfürsten von der Pfalz tätig gewesen war. Er war ein Organisationstalent, das immer wieder Millionen auftrieb und die Nachschublieferung an die Armeen sicherstellte, die im Osten unter dem Kommando von Prinz Eugen von Savoyen an der Donau gegen die Osmanen und zugleich im Westen in den Niederlanden gegen die Franzosen im Feld standen. Der unerwartete Tod des Geldbeschaffers löste 1703 eine schwere Finanzkrise aus, die sein Neffe und Nachfolger Samson Wertheimer nur mühsam wieder glätten konnte.

Um diese beiden Wiener Hofjuden sammelte sich rasch ein Kreis von Geschäftspartnern und Bediensteten, auf den die meisten der später klangvollen Familien zurückgehen. Für den Hof wurden sie unverzichtbar. Allein in den zehn Jahren zwischen 1698 und 1709 streckten sie der kaiserlichen Kriegführung die astronomische Summe von 78 Millionen Gulden vor. Zusätzlich wurden ihnen hohe Zwangsdarlehen und Kopfsteuern abgeknöpft.

So unentbehrlich ihr ökonomisches Geschick für den Staat war, so groß war auch die Ablehnung, auf die sie in Wien bei der Bevölkerung stießen. Vor den Häusern von Oppenheimer und Wertheimer hielten eine Zeit lang je zehn kaiserliche Soldaten Tag und Nacht Wache, um Überfälle und Plünderungen zu verhindern. Immer neue Verordnungen schikanierten die kleine Schar von Wiener Juden: Sie durften an Sonn- und Feiertagen am Vormittag nicht das Haus verlassen, als einziger Christ durfte lediglich ein Kutscher unter ihrem Dach leben. Noch Landesmutter Maria Theresia machte zeit ihres Lebens aus ihrer Judenfeindlichkeit kein Geheimnis, auch wenn sie es der Geschäftstätigkeit ihrer Hofjuden verdankte, dass sie ihr bedrängtes Erbe erhalten konnte. „Ich kenne keine ärgere Pest von Staatt als diese Nation", tat sie in einer Verordnung kund, „wegen Betrug, Wucher und Geldvertragen, Leüt in Bettelstand zu bringen, alle üblen Handlungen, die ein anderer ehrlicher Man verab-

Oben: Der Armeelieferant und Hofbankier Samuel Oppenheimer (1630–1703). 1703/04. Kupferstich von Johann Andreas Pfeffel und Martin Engelbrecht

Unten: Der Hoffaktor und ungarische Landesrabbiner Samson Wertheimer (1658–1724). Um 1700. Gemälde

Oben: „Die Schafschur in der Grünangergasse. / Jach sag Ihnen, die Hattentoten kümmen zu gehn über den Hymmalaya, / jach wass, sie werden staign, kaffens, drei Vertl!“: Antisemitische Bildbeilage zur Zeitschrift *Hans-Jörgel v Gumpoldskirchen.* 1843. Kolorierte Lithographie von Gustav Fischer
Unten: Karikatur auf die assimilierten „Börsenjuden“. Um 1890. Scherenschnitt von Gustav Imlauer

scheüete“. Aus Prinzip empfing sie ihre jüdischen Berater nur hinter einem Paravant verborgen zur Audienz.

Doch trotz aller Anfeindungen hatte sich nun im dritten Anlauf auch in Wien eine – vorerst – dauerhafte jüdische Gemeinschaft angesiedelt, die langsam, aber stetig anwuchs und sich immer enger mit dem gesellschaftlichen und kulturellen Leben der Stadt verband, je mehr die neue philosophische Ideenwelt der Aufklärung auch nach Wien vordrang.

An jenem Tag, an dem der Gemeinderabbiner Isaak Mannheimer auf dem Schmelzer Friedhof bei dem jüdisch-christlichen Heldenbegräbnis das Wort ergriff, schien das hohe Ziel der Gleichberechtigung nahezu erreicht. Allerdings währte der schöne Moment nur kurz. Als im Oktober 1848 die Truppen des Fürsten Windischgrätz der aufständischen Stadt den Garaus machen, sitzt der Hauslehrer Benjamin Bernhard Kewall in der Leopoldstadt in den Stallungen seines Dienstherrn, des kaiserlichen Pferdelieferanten Marcus Mayer Strass, über sein Tagebuch gebeugt. Er notiert seine Augenzeugenberichte in einen kleinformatigen Band mit Leinenrücken, schreibt mit hebräischen Buchstaben, von rechts nach links, aber in deutscher Sprache. Er ist zur Stelle, als die Soldaten über die Praterstraße zu den Stadtmauern vordringen. Er berichtet von wilden Gerüchten, von der anarchischen Stimmung der aufgeregten Bürger und Arbeiter, von Frauen, die Barrikaden verteidigen, von Ausschreitungen und Plünderungen. Kewall verbleibt auch in Wien, als die Eroberer das Standrecht in der Stadt ausrufen.

Die Revolution triumphierte 1848 in Wien nur für einen kurzen Augenblick. Kewall war ein teilnehmender und begeisterter Beobachter, der auch in deutschen und österreichischen Zeitungen über die Ereignisse berichtete. In seinem Tagebuch erzählt er davon, wie sich die Aufbruchsstimmung immer mehr zuspitzte. „Die Physiognomie Wiens gestaltet sich nachgerade sehr spektakelsüchtig“, notierte er am 9. September. Wenige Tage später: „Viele höre ich ausrufen: ‚Wir scheißen euch auf die Freiheit, gebt uns nur zu essen.‘“ Eine Woche darauf: „Wien ist zwar dem Anscheine nach ruhig, ich wittere jedoch Leichengeruch.“

Kewall, der Sohn eines Lastenträgers aus dem böhmischen Kleinstadt Polná, der trotz der Armut seiner Eltern die deutsch-jüdische Trivialschule absolvieren konnte, war ein Aufsteiger in turbulenter Zeit. Vom Kind einfacher Leute aus der Provinz hatte er es zum Hauslehrer in Wien gebracht – eine der wenigen beruflichen Betätigungen, die jüdischen Intellektuellen neben der Heilkunst und der zumeist brotlosen Schriftstellerei offen standen. Kewall war ein Mitglied der intellektuellen Zirkel in der Hauptstadt, in denen fortschrittliche Ideen rumorten, und ein international publizierender Journalist, der auch zwei hebräische Bücher herausbrachte. Immer wieder äußerte er seine Sehnsucht nach bürgerlicher Gleichberechtigung für die Juden, die auch zu den Zielen der Wiener Revolutionäre gehörte. Die bedeutendste dieser Vereinigungen, der 1841 gegründete „Juridisch-politische Leserverein“, in welchem der Wiener Polizeiminister den „Herd der Revolution“ erblickte, da sich seine Mitglieder dort zu „Verbrechern lesen“ würden, hatte sogar in einer heftigen Debatte den Antrag abgelehnt, Juden aus ihren Reihen auszuschließen.

Im September 1848 forderte Kewall in seiner politischen Polemik *Immer und überall die Juden* offen die Emanzipation. Als Vertreter eines aufgeklärten Judentums musste sich der Hauslehrer allerdings auch innerhalb der eigenen Gemeinde gegenüber traditionellen Strömungen behaupten. Empört notierte er etwa, dass „der Vorbeter der hiesigen polnischen Judenschule ... die Gemeinde denuncirt, daß sie im Gotteshause von Politik sprechen und sich verabreden, wie sie die Christen betrügen, und noch viele ähnliche Dummheiten“.

Nach dem Sieg der Reaktion war für einen aufgeklärten Geist kein Platz mehr im neoabsolutistischen Wien. Unter den Opfern, an denen die kaiserliche Strafjustiz Todesurteile vollstrecken ließ, befand sich auch der 26-jährige Journalist Hermann Jellinek, der Bruder eines Gemeindepredigers, der mit der Religion gebrochen hatte und sich als „Atheisten" bezeichnete. Dennoch wurde ihm seine Abstammung zum Verhängnis, wie der Chronist Eduard Bauernfeld meinte: „Man brauchte einen Juden und hatte sonst gerade keinen zur Hand." Der weit weniger auffällige Freigeist Kewall konnte hingegen in seine böhmische Heimatstadt zurückkehren und starb dort 1880 verarmt. Die Sterbematrikeln der Kultusgemeinde verleihen ihm den Ehrentitel eines „Gelehrten".

„Isidor Schmock bei ...". Antisemitische Karikatur eines Zeitungsjournalisten. Um 1880. Zeitungsillustration von Friedrich Kaskeline aus dem Wiener humoristisch-satirischen Arbeiterblatt *Glühlichter*

Die eben erst errungene Freiheit setzte allerdings auch den alten Hass wieder frei, die alte Judenfeindschaft, die das Ancien Régime mühsam unterdrückt hatte. Erbittert bekämpften jetzt die antijüdischen Wortführer jegliche Tendenz einer Gleichstellung, die mit den demokratischen Neuerungen Einzug zu halten drohte. „Keck, empörend, unbescheiden / Ist ihr frecher Übermut", warnte ein antisemitisches Gedicht die achtlosen Wiener: „Denkt, daß schlaue Judenlist / Immer noch zu fürchten ist." Besonders die *Wiener Kirchenzeitung* profilierte sich als Zentralorgan im Kampf gegen die „Mosaiker neuen Schlages".

Dreimal wöchentlich hetzte der Gründer dieses Kampfblatts „für Glauben, Wissen, Freiheit und Gesetz", der Vorstadtkaplan Sebastian Brunner, gegen den teuflischen Erzfeind. Brunners Antisemitismus basierte nicht mehr auf dem antiquierten religiösen Muster, das die Juden zum „Volk der Gottesmörder" stigmatisierte. Sein Hass war bereits ein modernes politisches Instrument wider den liberalen Geist, der sich mit der Revolution ausbreitete. Zum ersten Mal stellte Brunner jene simple Gleichung auf, die selbst heute noch in der antisemitischen Algebra Gültigkeit besitzt: „Tintenjuden" und „Zeitungs-Hebräer" hätten die Presse an sich gerissen und würden mit ihrem subversiven „jüdischen Ungeist" das gesunde Volksempfinden vergiften. Bereits im ersten Jahr seiner Redaktionstätigkeit drohte der Kaplan aus der Pfarrei Altlerchenfeld von der Kanzel ebenso wie in seinem Journal: „Hüthe Dich, das Volk um die letzte Spur seines Glaubens zu bringen, denn dann bist Du sammt den Mitjuden Deines Lebens und Deines Eigenthums nicht mehr sicher."

Der Gotteskrieger sah sich ganz in der Nachfolge des barocken Pestpredigers Abraham a Santa Clara, der seinerzeit in seinen populären Sonntagsepisteln gegen die Ungläubigen und natürlich auch gegen die Juden wetterte: „Diese seynd der Abflaum aller gottlosen Leuthe." Rasch machte Brunner im Mediengetöse des Revolutionsjahres seine Hauptfeinde aus: die „Schreibjuden", die von Mathias Löbenstein, dem Herausgeber des *Unpartheiischen*, einer der kurzlebigen Zeitungen des Revolutionsjahres, welche vor allem die Interessen der liberalen Beamtenschaft vertrat, angeführt würden. Der sei der „Generalissimus der radikal-demokratisch-mosaischen Schreckensmänner". Brunner nahm sie alle ins Visier, die „jüdischen Feder-Helden", die im „politisch-literarischen Schabbesgärtle" zu Wien wüten würden. Er, der den Weinberg des Herrn pflegte, wollte sie ausmerzen wie das „Unkraut, das der Gärtner aus der Erde reißt".

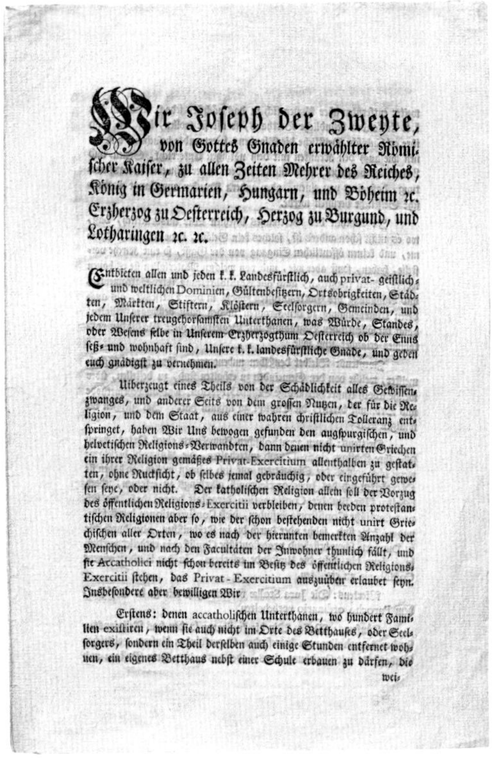

Wir Joseph der Zweyte, von Gottes Gnaden erwählter Römischer Kaiser, zu allen Zeiten Mehrer des Reiches, König in Germanien, Hungarn, und Böheim ꝛc. Erzherzog zu Oesterreich, Herzog zu Burgund, und Lotharingen ꝛc. ꝛc.

Entbieten allen und jeden k. k. Landesfürstlich, auch privat- geistlich- und weltlichen Dominien, Gültenbesitzern, Ortsobrigkeiten, Städten, Märkten, Stiftern, Klöstern, Seelsorgern, Gemeinden, und jedem Unserer treugehorsamsten Unterthanen, was Würde, Standes, oder Wesens selbe in Unserem Erzherzogthum Oesterreich ob der Enns seß- und wohnhaft sind, Unsere k. k. landesfürstliche Gnade, und geben euch gnädigst zu vernehmen.

Uiberzeugt eines Theils von der Schädlichkeit alles Gewissenzwanges, und anderer Seits von dem grossen Nutzen, der für die Religion, und dem Staat, aus einer wahren christlichen Tolleranz entspringet, haben Wir Uns bewogen gefunden den augspurgischen, und helvetischen Religions-Verwandten, dann denen nicht unirten Griechen ein ihrer Religion gemäßes Privat-Exercitium allenthalben zu gestatten, ohne Rucksicht, ob selbes jemal gebräuchig, oder eingeführt gewesen seye, oder nicht. Der katholischen Religion allein soll der Vorzug des öffentlichen Religions-Exercitii verbleiben, denen beeden protestantischen Religionen aber so, wie der schon bestehenden nicht unirt Griechischen aller Orten, wo es nach der hierunten bemerkten Anzahl der Menschen, und nach den Facultäten der Inwohner thunlich fällt, und sie Accatholici nicht schon bereits im Besitz des öffentlichen Religions-Exercitii stehen, das Privat-Exercitium auszuüben erlaubet seyn. Insbesondere aber bewilligen Wir

Erstens: denen accatholischen Unterthanen, wo hundert Familien existiren, wenn sie auch nicht im Orte des Betthauses, oder Seelsorgers, sondern ein Theil derselben auch einige Stunden entfernet wohnen, ein eigenes Betthaus nebst einer Schule erbauen zu dürfen, die wei-

Oben: Das „Toleranzpatent" Kaiser Josephs II. vom 13. Oktober 1781. Buchdruck
Unten: Salomon Meyer Freiherr von Rothschild (1774–1855), der Begründer des österreichischen Zweigs der Rothschild-Familie. 1844. Bronzebüste

Der streitbare Volkspriester holte auch das altgediente Schauermärchen von den jüdischen Ritualmördern, die angeblich zu Pessach kleine, unschuldige Christenkinder schlachten, wieder aus seiner mittelalterlichen Versenkung. Schließlich erklärte dieser Hassprediger in der Soutane die „Judenfrage" zur „nationalen Frage".

Der geistliche Herr, urteilte der Historiker Friedrich Heer, sei der „erste katholische Judenhammer in der christlichen Presse Wiens" gewesen. Und sein Wirken drang weit über die Grenzen der Heimat hinaus. In Paris beispielsweise wurde er später dem Publikum gern als „Vater des österreichischen Antisemitismus" vorgestellt. Und er war stolz darauf.

Zu jener Zeit aber, als Sebastian Brunner sein Wirken begann, im Revolutionsjahr 1848, ahnte der künftige Hassprediger noch wenig von seiner Sendung. Der damals 34-jährige Kaplan stand auf der untersten Stufe der Kirchenhierarchie, doch er strebte nicht nach einem Amt, nicht nach klerikalen Würden. Lieber griff der promovierte Theologe zur Feder, verfasste Andachtsschriften ebenso wie humoristische und historische Traktate. Er war ein rebellischer Geist, der sich nicht damit abfinden wollte, dass sich die Kirche in Österreich willfährig der weltlichen Herrschaft unterordnete. Er dachte und fühlte ultramontan: Alles Heil gehe von Rom aus, von Gottes Stellvertreter in der Ewigen Stadt.

Brunner hielt die Reformen, mit denen Kaiser Joseph II. eine Generation zuvor die Macht der Papstkirche beschnitten hatte, und die Toleranzpatente des aufgeklärten Monarchen, in denen er den Protestanten und Juden unter seinen Untertanen eine Reihe von Freiheiten gewährte, die mit den Traditionen seiner Ahnen brachen, für das Erzübel der Zeit. Die katholischen Würdenträger hatten sich mit den staatlichen Autoritäten arrangiert, dem kleinen Kaplan kam ein Gleiches auch in der Duckmäuserzeit des Vormärz nicht in den Sinn. Häufig traf er in diesen Jahren mit seinem besten Freund und alten Studiengefährten aus dem Priesterseminar, dem Domprediger zu St. Stephan, Johann Emanuel Veith, zu einem ausführlichen Meinungsaustausch zusammen. Die beiden hockten viel beieinander in der engen Stube des Predigers im Schatten der Kathedrale: Veith, der Konvertit aus jüdisch-orthodoxem Hause, dessen Bruder seinen Unterhalt als Religionslehrer in einer Talmud-Schule verdiente, und Brunner, der Sohn eines kreuzkatholischen Wiener Seidenzeugfabrikanten. Beide teilten die Leidenschaft für die Schriftstellerei, der sie sich ausgiebig widmeten, beide plagte die Sorge um die beklagenswerte Lethargie ihrer heiligen römischen Kirche.

Von den Juden schien der Kaplan zu diesem Zeitpunkt noch keine Kenntnis zu nehmen. Auch nach dem Toleranzpatent Josephs II. duldeten die Habsburger nur eine überschaubare Zahl jüdischer Familien in ihrer Residenzstadt, die noch dazu teuer für das Ansiedlungsrecht bezahlen mussten, das mit dem Tod des Haushaltsvorstandes wieder erlosch. Die Nachfolger des Reformkaisers hatten zudem die Bestimmungen wieder verschärft und die Toleranzsteuern drastisch erhöht. Selbst ein eigenes „Judenamt" wurde in Wien wieder in vollem Umfang eingerichtet, das die von den wohlhabenden Familien diskriminierend empfundene Aufschrift trug: „Für Juden, Sesselträger und Fiaker". Auch der Besitz von Gebäuden blieb den Juden mit einigen Ausnahmen weiterhin verwehrt. Als Salomon Rothschild 1821 den Wiener Zweig der Dynastie begründete, musste er damit vorliebnehmen, sich in dem noblen Hotel Zum Römischen Kaiser in der Renngasse einzuquartieren, dessen einziger Gast er alsbald wurde, da er sämtliche Zimmer für sich und seine Angehörigen mietete.

Gleichviel waren die Wiener Juden loyale Untertanen, die sich assimilierten und dem Staat beweisen wollten, dass sie großen Nutzen brachten. Die häufig nobilitierten Familien mit klingenden Namen, die Todescos, die Eskeles, die Arnsteins, die Königswarters oder die Wertheimsteins, finanzierten zunächst die Kriege gegen Napoleon und anschließend den Ausbau des Eisenbahnnetzes und der Industrie. In ihren prachtvollen Häusern verkehrte die gute Gesellschaft, die sich bei der aus Berlin importierten Sitte des gesellschaftlichen Salons ein Stelldichein gab.

Die glanzvollste dieser Salondamen war zweifellos Fanny von Arnstein, die Tochter des Berliner Gemeindevorstehers Daniel Itzig, die in die Hauptstadt der Habsburger geheiratet hatte. Sie brachte auch den Berliner Brauch des Weihnachtsbaum mit nach Wien, den sie zum ersten Mal 1814 in ihrem Stadtpalais am Hohen Markt für ein „sehr zahlreiches Weihbaum- oder Christbaumfest“ aufpflanzte, wie die Metternich'schen Spitzel indigniert festhielten: „Es waren dort Staatskanzler Hardenberg, Fürst Radziwill, Herr Bartholdy, alle getauften und beschnittenen Anverwandten des Hauses. Es wurden nach Berliner Sitte komische Lieder gesungen ... Fürst Hardenberg amüsierte sich unendlich.“ Seinen Zenit erlebte der Salon der Fanny von Arnstein während des Wiener Kongresses, bei dem die Grenzen des Kontinents nach der Niederlage Napoleons neu festgelegt wurden. Jeden Dienstagabend versammelte sich die europäische Aristokratie im Haus der jüdischen Gesellschaftsdame, vom Abgesandten des Papstes bis hin zum Herzog von Wellington.

Franziska „Fanny“ Freifrau von Arnstein (1758–1818), geborene Itzig. 1804. Schabkunstblatt von Vincenz Georg Kininger

Zugleich mit dem gesellschaftlichen Aufstieg nahm in der liberalen jüdischen Oberschicht von Wien auch die Tendenz zu, zum Christentum zu konvertieren. Die schlimmsten Befürchtungen der orthodoxen Glaubenshüter schienen sich zu bewahrheiten, mit dem Gedankengut der Aufklärung würde auch das Proselytentum Einzug halten in Wien. Die intensive Taufbewegung erregte selbst die Aufmerksamkeit der Geheimpolizei. Bei der Fronleichnamsprozession 1823, so berichtete sie, habe ein Jude die Fahne der Pfarre Jägerzeile getragen und ein anderer in der Uniform eines Capitains des bürgerlichen Artillerie-Corps an der katholischen Messe teilgenommen, wo zudem noch zahlreiche jüdische Sänger und Sängerinnen im Kirchenchor zu vernehmen gewesen seien.

Am Vorabend der Revolution zählte das kaiserliche Judenamt 197 tolerierte Familien in der Stadt. Das Niederlassungsrecht bezog sich auf den gesamten Personalstand des Tolerierten, weshalb die Familienlisten, die eingereicht werden mussten, eine umfangreiche Schar von Bediensteten, Lehrern, Erziehern oder Buchhaltern aufwiesen. Manche von ihnen entrichteten auch ein Honorar an ihren Dienstgeber für dieses Privileg und gingen offiziell so rätselhaften Beschäftigungen wie jener des „Mesusotanschlägers“ oder des „Fleischaussalzers“ nach.

Andere Juden umgingen die Gesetze, indem sie ihren Aufenthaltsschein einfach wie gefordert alle 48 Stunden erneuerten. Diese Praxis nannten die Eingeweihten „kaschern“, koscher machen. Man verließ dazu Wien durch ein Tor des Linienwalles, des äußeren Rings der Stadtbefestigung, kehrte nach wenigen Schritten wieder um und bestach die Wache. Der Vater des Mathematikers Simon Spitzer lebte mit Frau und acht Kindern nach diesem mühsamen Rezept mehrere Jahrzehnte in der Residenzstadt; wenn es seine Zeit nicht erlaubte, schickte er einen seiner Söhne vor die Stadttore, wo der Knabe einfach in die Rolle des Familienvaters schlüpfte und dessen Pass samt entsprechendem Geldbetrag vorwies.

Selbst die kaiserliche Hofkanzlei hatte längst die Absurdität der Restriktionen erkannt. Die „frühere Isolation“ der Wiener Juden habe „seit geraumer Zeit beinahe gänzlich aufgehört“, berichtete sie in einem Gutachten an den Staatskanzler und schlussfolgerte doch etwas überhastet: „Die Abneigung der christlichen gegen jüdische Religionsgenossen, welche letztere von ersteren entfernt hielt, ist größtenteils verschwunden.“

Dementsprechend wuchs auch das Selbstbewusstsein. Als der junge Sigmund Mayer, Sohn eines Textilkaufmanns aus Pressburg, in Wien eintraf, um in der Metropole das Gymnasium zu besuchen, stach ihm, der an die übervorsichtige Verhaltensweise der Ghettojuden in seiner Heimatstadt gewohnt war, sofort ins Auge, um wie viel unbekümmerter sich die Wiener Juden verhielten: „Sie bewegten sich ohne Scheu nicht nur auf der Straße, sondern auch im Bierhaus, ebenso in den vornehmsten Restaurants wie Kaffeehaus und in den Vergnügungslokalen; man konnte sie auch zwanglos und ohne, dass es jemand auffiel, auf allen Elitebällen finden.“

Auf diese Weise hatten rund 5000 – auch ärmere – Juden in der Hauptstadt dauerhaft Wohnung gefunden, als im März 1848 die Revolution begann und das Ende der jahrhundertelangen Beschränkungen einläutete. Bis zum endgültigen Durchbruch der Emanzipation sollte es noch langwieriger Bemühungen bedürfen. Erst das Staatsgrundgesetz von 1867, mit dem der Neoabsolutismus zu Grabe getragen wurde, bescherte den Juden in allen Landesteilen des Habsburger-Imperiums die volle rechtliche Gleichstellung. Zu diesem Zeitpunkt lebten bereits 40 000 Juden in Wien und bildeten die mittlerweile bedeutendste Gemeinde in der damals noch jungen Doppelmonarchie.

3. Kapitel
BLÜTEZEIT

In der Metropole der Habsburger-Monarchie trübten bereits Jahrzehnte vor der Katastrophe des Ersten Weltkrieges düstere Endzeitvisionen das Empfinden des kaum zwanzigjährigen Hugo von Hofmannsthal. „Wie merkwürdig das auch wieder ist", vertraute er seinem Notizbuch an, „daß wir vielleicht in Wien die letzten denkenden, die letzten ganzen beseelten Menschen überhaupt sind, daß dann vielleicht eine große Barbarei kommt."

Hugo von Hofmannsthal (1874–1929). 1902. Karikatur von Bertha Czegka

Dem jungen Ästheten – er ist das Hätschelkind der schöngeistigen Salons – senkt sich häufig die Schwermut wie Trauerweidenschleier über das Gemüt. Mag er auch beispielsweise im neuen Palais des Grafen Lanckoronski, eines der wohlhabendsten Magnaten des Reiches, einer erlesenen Gästeschar die prachtvollen mittelalterlichen Gobelins seines Gönners preisen – „Welche Möglichkeit, die Gebärde einer Jungfrau mit den Biegungen eines Lilienstengels in geheime Harmonie zu bringen!" –, selbst aus Anlass dieses Hochgenusses schwärzt apokalyptische Finsternis seiner Rede Sinn: „Es dringen mit beängstigendem Flügelrauschen die ganzen Geisterschwärme auf uns ein. Es sind die Geister der einzelnen, die Geister der Völker, die Geister der Zeiten, die uns umwölkend in uns niedertauchen, um von unserem Blut zu trinken."

Hausmusik mit Gespenstersonate. Graf und Gräfin rücken näher, ein kalter Lufthauch weht durch den Salon. Leise klirren die Lüster; soeben sind die Elektrizitätswerke der Stadt Wien fertig gestellt worden, also flackern kein Gaslicht und keine Kerzenflammen mehr. Im Nacken kräuselt sich dennoch das Haar. Das Rauschen geflügelter Geister, an diesem Abend kann man's richtig fühlen. Bleich und schön und unnahbar steht jener da, der es beschworen.

Wenn in jenen todgeweihten Zeiten Hofmannsthal träumt, so träumt er von Ruinen. „Das zerstörte Wien zu denken: alle Mauern verfallen, der innere Leib der Stadt bloßgelegt, die Wunden mit unendlichen Schlingpflanzen übersponnen, überall lichtgrüne Baumwipfel. Stille, plätschernde Wasser, alles Leben tot; welch wundervolle Fern- und Durchsichten!"

Noch rechtzeitig in der „Epoche des allgemeinen Menschenjammers, der in der österreichischen Versuchsstation des Weltunterganges die Pratze des gemütlichen Siechtums annimmt", wollte der unerbittliche Polemiker Karl Kraus die Wiener aus ihrem Dämmertraum reißen, damit „sie nicht ihren eigenen Tod verschlafen". Doch die Stadt, ein „Bollwerk der Erinnerung" (der Historiker William Johnston) und zugleich auch eine Metropole der verlorenen Gedanken, war schon zu tief in ihrem „Wert-Vakuum", wie Hermann Broch das liebenswürdig-liederliche Donaunirwana genannt hat, versunken, um noch aus der apathischen Ruhe, die sie dort umfing, gerüttelt werden zu können.

Jede Lebensäußerung verwandelte sich in der Residenzstadt der Habsburger-Monarchie, die nur noch kraft ihres stumpfen Beharrungsvermögens glaubte weiterexistieren zu können, zur Großstadtdekoration und zur Kitschkulisse, vor der herausgeputzte bessere Kreise sich in eitlen Artigkeiten gefielen. Es war Wiens goldene Backhendlzeit, Brochs „fröhliche Apokalypse": „Vom Erzherzog bis zum Volkssänger, doch auch vom Großbürgertum bis zum Proletariat prävalierte die hedonistische Haltung. Als Produkt der österreichischen Substanzlosigkeit, in der keiner keinen ernst zu nehmen vermochte, wurde auch das Sozialgebilde substanzlos, wurde zu einer Art Gallert-Demokratie, in der, wenn's drauf ankam, die Grafen die Allüren von Fiakern und die Fiaker die Allüren von Grafen annahmen; es war ein sozialer

Oben: Hugo von Hofmannsthal am Schreibtisch. Um 1900. Photographie
Unten: „Maifeier 1897". Sozialdemokratisches Flugblatt. 1897. Farblithographie

Schwebezustand, und er konnte es sein, weil die herrschende Blüteperiode alles in Schwebe hielt", resümierte Hermann Broch im amerikanischen Exil in seiner essayistischen Abrechnung *Hofmannsthal und seine Zeit*:

„Was Überdeckung von Armut durch Reichtum letztlich bedeutet, das wurde in Wien, wurde in seiner geisterhaften letzten Blütezeit klarer denn irgendwo und irgendwann anders: Ein Minimum an ethischen Werten sollte durch ein Maximum an ästhetischen, die keine mehr waren, überdeckt werden, und sie konnten keine mehr sein, weil der nicht auf ethischer Basis gewachsene Wert sein Gegenteil ist, nämlich Kitsch. Und als Metropole des Kitschs wurde Wien auch die des Wert-Vakuums der Epoche"

Man spielte Kunstblüte. Doch es war bereits Untergangsdekoration, Schmuck von morbider Blässe, getarnt mit zahllosen Modeworten, unter denen die Begriffe „Décadence" und „schöner Schein" nur die banalsten waren. Man bekannte sich, wie der Dichter Friedrich Michael Fels in seinem Aufsatz *Die Idealisten*, zur „Konsequenz der Inkonsequenz". Es war das Bekenntnis eines „sinkenden, haltlosen, unsicher treibenden Geschlechts": „Es wird der Tag kommen, da wird nicht mehr gelesen werden; freuen wir uns, daß der Tag bald komme!"

Wien schmückte sich, wohl auch in nebelhafter Ahnung des Unentrinnbaren, für ein großes Leichenbegängnis. Putzsüchtig schichtete es monumentale Bauten, prächtige Bilder und weltumspannende Ideen zum Autodafé. Das Wiener Bürgertum, schon immer ein *Commis voyageur* der Geschichte, richtete sich in der Frist bis zur Totenfeier behaglich ein wie in einem Wartesaal allererster Klasse. Seinen Stil nannte es die „Moderne" – ein Etikettenschwindel. Hugo von Hofmannsthal, der frühreife Gymnasiast aus dem Café Griensteidl, dem Hauptquartier der Literatengruppe „Jung-Wien", meinte, dass „heute zwei Dinge modern zu sein scheinen: die Analyse des Lebens und die Flucht aus dem Leben". Die Entscheidung fiel ihm leicht: „Von der Poesie führt kein direkter Weg ins Leben, aus dem Leben kein direkter in die Poesie."

Vergeblich verhöhnte Karl Kraus den Mummenschanz, in den der kaiserlich-königliche Größenwahn seine Politik kleidete: „Nicht daß die österreichischen Ereignisse keinen Grund haben, aber daß sie keine Konsequenz haben, ist trostlos. Das ist die österreichische Geschichte: daß im Konflikt des Zufalls mit der Dummheit Ereignisse entstehen."

Die verwegenen Träumer der Stilblüte nahmen jedoch die Zeit, in der sie lebten, nicht zur Kenntnis. „Laß den Pöbel in den Gassen: Phrasen, Taumel, Lügen, Schein, / Sie verschwinden, sie verblassen – schöne Wahrheit lebt allein", dichtete damals der junge Hofmannsthal, nachdem ihm ein Aufmarsch der Arbeiter am 1. Mai begegnet war. Das notleidende Proletariat drang allerdings nie in das Bewusstsein des selbstgefälligen Wiener Bürgertums vor. Immer hat es sich „musterhaft benommen" (die liberale *Neue Freie Presse*), es hungerte, fror und blieb in den Arbeiterbezirken am Stadtrand kaserniert.

Der effektiven Mittellosigkeit „meiner unteren Klassen", wie sie der Kaiser gerne nannte, verdankt auch das Wiener Kaffeehaus seinen legendären Ruf, Wohnzimmer des Kollektivs zu sein: Die drückende Enge der Wohnverhältnisse weitete sich hier, und an kalten Tagen bot es für ein Trinkgeld erschwingliche Wärme.

Der Blick der jungen Kaffeehausliteraten – „Ego narcissus" wählte einer zu seinem Motto – reichte aber meist nicht einmal bis zum Nebentisch. „Es handelt sich freilich immer nur darum, Potemkinsche Dörfer aufzustellen", empfahl Hofmannsthal einem Freund: „Aber solche, an die man selber glaubt." Dieses „Centrumsgefühl" bot dem grüblerischen Ich Schutz in seinem Leiden. „Worin liegt eigentlich Heilung?", will Hofmannsthal später wissen: „Daß der Tod das erste Ding ist, dessen tiefe Wahrhaftigkeit zu erfassen er imstande ist. Ein Ende aller Lügen, Relativitäten und Gaukelspiele."

Der „Literaturbetrüger" (Karl Kraus) Hofmannsthal strafte sich hingegen selbst Lügen. Bei Ausbruch des „Völkerringens" machte auch der elegante Daseinsskeptiker mobil. Hermann Bahr, sein Mentor, hatte bereits im November 1914 ein schmales Bändchen mit dem Titel *Kriegssegen* unter das Volk gebracht. Da durfte der Vorzugsschüler nicht nachstehen. Im Auftrag des Kriegspressequartiers – er war nicht der einzige Literat, der plötzlich feldgraue Prosa schrieb – wurde Hofmannsthal zum Propagandadichter der schlachtenfrohen Vielvölkermonarchie. Im Begriff Österreich, verkündete er beispielsweise, klinge „der Begriff eines europäischen Amerika an". Seine *Österreichische Bibliothek*, eine dynastietreue Bücherreihe aus den Kriegsjahren, huldigte derselben Idee, das polyglotte Erbe des habsburgischen Expansionsdranges literarisch zu verbrämen. In einem dieser Bände (insgesamt waren es 26 in drei Jahren) veröffentlichte Herausgeber Hofmannsthal sogar die lyrischen Geschossgarben eines Anton Wildgans, in dem ein späteres Jahrzehnt einen neuen Grillparzer erkennen will: „Wir immer Bedrohten, wir immer auf Wacht, / wir kämpfen die Urform der Männerschlacht", heißt es da etwa in einem „Gedicht, gewidmet dem Volk in Waffen".

Solch grober Soldatenton war allerdings Hofmannsthals Sache nicht. Zur Spezialität des feinnervigen Kaffeehausliteraten wurde vielmehr eine Sonderform des besinnlichen Hurrapatriotismus. Auf Vortragsreisen philosophierte er über die „europäische Idee" oder den Krieg „als geschichtliche Krise". Was lernte das staunende Publikum aus verrufenem Mund? „Ein Ereignis gigantischer Art wie dieser Krieg kann nichts anderes sein als ein Abschluß einer ganzen Epoche, deren tiefste Tendenzen er in sich zusammenfaßt und in einer grandiosen Dissonanz zum Ausdruck bringt." Neutöner an die Front: Schlachtenlärm, die Symphonie eines Zeitalters.

Gemäß der Prophezeiung ward die Epoche mit mörderischem Schlussakkord beendet und der bedächtige Rezensent des blutigen Konzerts mithin arbeitslos. Da ließ es sich der junge Snob aus dem Vorkriegs-Wien angelegen sein, die klerikal-österreichischen Gaukelspiele in ein neues Zeitalter hinüberzuretten. Der nunmehr Heimatlose fand Zuflucht bei der Idee eines „nicht bloß weltlichen, sondern sakralen Imperiums, das über die Nationen greift", und entdeckte selbiges im „Kunstgedanken des bayrisch-österreichischen Stammes". Denn dafür hielt er das Gipsbarock entlegener Dorfkirchen, die schwülstige Prozessionstheatralik provinzlerischer Prälaten und die naive Unschuldsmetaphorik einer lammfrommen „Ihr-Kinderlein-kommet"-Literatur. Er kroch zu Kreuze, und mittels dieses Kniefalls landete er auf dem Domplatz zu Salzburg. Dort schlug er fortan mit geknittelten Versen um sich. In alter Überheblichkeit zürnte er freilich weiterhin dem Pöbel: „Publikum ist schwankend, kurzsinnig und launisch, das Volk ist alt und weise, ein Riesenleib, der wohl die Nahrung kennt, die ihm bekommt."

Auch so konnte ein verzärteltes junges Genie, Spross einer assimilierten jüdischen Seidenfabrikanten-Dynastie aus dem Wien der Jahrhundertwende, enden, das sich

Oben: Blick in ein Kaffeehaus in Wien I., Babenbergerstraße. Um 1908. Photographie von Emil Mayer
Unten: Umschlag zu Rudolf Alexander Schröders und Hugo von Hofmannsthals *Deutscher Feldpostgruß und österreichische Antwort*. Flugblatt. Hugo Heller: Wien 1914

selbst als katholischen Aristokraten empfand, vom Rest der Stadt hingegen als jüdischer Intellektueller angesehen wurde: Im Juli 1929 jagte sich sein Sohn Franz, 29 Jahre alt, in der elterlichen Villa in Rodaun bei Wien eine Kugel in den Kopf. Hugo von Hofmannsthal, der bereits seit langem an Arteriosklerose gelitten hatte, versagte zwei Tage später das Herz; er war gerade im Begriff, sich zur Beerdigung zu begeben. Vater und Sohn wurden im selben Grab beigesetzt. Testamentarisch hatte Hugo von Hofmannsthal die Frage des Leichenhemdes geregelt: eine Kutte des Dritten Ordens der Franziskaner.

Sein Urgroßvater Isaak Löw Hofmann hatte ein Jahrhundert zuvor die Seidenindustrie in Österreich begründet und war dafür von Ferdinand I. nobilitiert worden. Der Urenkel legte den Grundstein zu den Festspielen in Salzburg, dem noch heute unangefochtenen Zentralereignis der Kulturnation Österreich, die vom Nachruhm jener jüdischen Pioniere zehrt, die sie stets angefeindet und verteufelt hatte und schließlich aus ihrer Mitte eliminierte.

Oben: Portrait Isaak Löw Hofmann, Edler von Hofmannsthal (1759–1849). 1837. Lithographie von Josef Kriehuber
Unten: Begräbnis Hugo von Hofmannsthals am Kalksburger Friedhof in Wien. In der ersten Reihe seine Witwe und sein zweitältester Sohn Raimund, in der zweiten Reihe seine Tochter. 1929. Photographie

Der verbreiteten Auffassung einer plötzlichen intellektuellen und künstlerischen Explosion kurz vor und nach der Wende des 19. zum 20. Jahrhunderts steht die Hypothese gegenüber, die wahrscheinlich bedeutendste Kulturleistung des vergangenen Jahrhunderts, die Entdeckung des modernen Weltbildes, verdanke sich nicht so sehr der gegenseitigen Befruchtung, sondern viel eher ihrem Gegenteil: Sie war das Produkt junger, jüdischer Zuwanderer, die eine Gegenwelt zum eingesessenen Wiener Establishment entwarfen. „Es ging ein Zug von Rationalismus durch all diese Juden", registrierte der sehr genaue Beobachter Jakob Wassermann wenig erfreut: „Die Wissenschaft war ein Götze; der Geist war unumschränkter Herr; was sich der Errechnung versagte, war untergeordneter Kategorie; errechnet werden konnte auch das Schicksal, zerfasert die heimlichsten, dunkelsten Gebiete der Seele. Es war überhaupt in ihnen ein Wille und Entschluß zur Entgeheimnissung der Welt."

In Wien, wo Lemuren und Larven das Bild prägten, war es Außenseitern vorbehalten, wie in einem Traumlabor kühner Gedanken die Moderne zu schaffen. Sie errichteten eine Gegenwelt, bestimmt vom Wissen um die Relativität von Sprache, Ideologie, Erkenntnis und aller Erneuerung.

Es mag ein Paradoxon sein: Die in vieler Hinsicht epochemachende Wiener Moderne ist Produkt der antisemitischen Ablehnung, der Fremdenfeindlichkeit und der satten Agonie der selbstvergessenen Metropole. Weil die gefräßigen Wiener nicht Platz machen wollten – weil sie, wie man sagen muss, sich als nicht integrationsfähig erwiesen –, schufen sie genau das, was sie zu verhindern suchten: die geistige und kulturelle Erneuerung.

Die meisten Pioniere waren Entwurzelte, die von den zentripetalen Kräften der Habsburger-Monarchie in die Residenzstadt getrieben worden waren. Sigmund Freud, geboren 1856 im mährischen Freiberg. Karl Kraus, geboren 1874 im böhmischen Gitschin. Theodor Herzl, geboren 1860 in Budapest. Victor Adler, geboren 1852 in Prag. Gustav Mahler, geboren 1860 im böhmischen Kalischt, Erich Wolfgang Korngold, geboren 1897 in Brünn. Joseph Roth, geboren 1894 im galizischen Brody. Natürlich gab es Ausnahmen, doch die intellektuelle Elite der Stadt rekrutierte sich größtenteils aus Wien-Ankömmlingen oder den Kindern von

Zuwandererfamilien. Der Vater von Arthur Schnitzler, der Laryngologe Johann Schnitzler, war aus seinem Geburtsort Groß-Kanizsa, einer Festungsstadt nahe des Balaton, nach Wien gezogen, um Medizin zu studieren. Der Vater des Neutöners Arnold Schönberg, der Schuhmacher Samuel Schönberg, war erst kurz vor der Geburt seines Stammhalters aus seiner ungarischen Heimat kommend in der Residenzstadt eingetroffen.

Die meisten Pioniere der Moderne waren Juden. Natürlich gab es auch hier Ausnahmen, Adolf Loos, Robert Musil oder Oskar Kokoschka beispielsweise. Doch auch diesmal: Juden dominierten die Wiener Moderne.

Die Assimilation hatte versagt. Die Vergangenheit hatten die Neuerer hinter sich gelassen, die Gegenwart blieb ihnen verschlossen, nur die Zukunft stand ihnen offen. So erdachten, erträumten und erfanden sie ihr neues Universum. Die Juden, meint Bermann, einer der Helden in Arthur Schnitzlers Schlüsselroman *Der Weg ins Freie*, wären ein Volk, in dessen „Seele sich die Zukunft der Menschheit vorbereitet".

„Die meisten, die mir Porträt saßen, waren Juden", erinnerte sich der expressionistische Maler Oskar Kokoschka, der lange Zeit mit Verachtung gestraft wurde („Dem Kerl sollte man die Knochen im Leib zerbrechen", hatte der Thronfolger Franz Ferdinand 1911 in einem berüchtigten Wutausbruch gefordert): „Sie fühlten sich weniger sicher als der Rest der Wiener Gesellschaft und waren daher offener für das Neue und besaßen ein feineres Gespür für die Spannungen, die den Untergang der alten Ordnung begleiteten."

Oben: Victor Adler (1852–1918). Um 1890. Photographie
Unten links: Erich Wolfgang Korngold (1897–1957). 1920. Photographie von Madame d'Ora
Unten rechts: Arnold Schönberg (1874–1951). 1922. Photographie von Franz Xaver Setzer

Erst in der Korrelation wird deutlich, wo die Besonderheit der Wiener Moderne zu suchen ist: Sie ist das Produkt einer Generation junger, jüdischer Zuwanderer, die sich unvermittelt im Zentrum des Reiches zusammengeballt hatten. In Wien regierten die Antisemiten. Der Spießermief der Wiener Kleinbürger vergiftete das kommunale Leben. Die aufgeblähte Bourgeoisie, vor allem die arrivierten jüdischen Mogule, war abgedrängt worden und rächte sich nun dafür, indem sie jeden Winkel der Öffentlichkeit mit ihrer schwülstigen Protzsucht füllte. Es gab nur einen Weg, den gebildete Juden, die um die Jahrhundertwende in der Metropole groß wurden, beschreiten konnten: Sie mussten ihre eigene Kultur gegenüber der herrschenden Kultur aufbauen.

Es ist falsch, diese Um- und Abkehrdenker Avantgarde nennen zu wollen; denn niemand folgte nach, wo sie vorangingen. Der radikale Anspruch der Moderne verschreckte häufig selbst das sich gemeinhin fortschrittlich gerierende Großbürgertum. So blieb man auf sich selbst beschränkt, Teil eines Universums, das ausschließlich eigenen Gesetzen gehorchte. Es war ein gegensätzlicher, widersprüchlicher, eifersüchtelnder, untereinander zerstrittener oder miteinander verbündeter, gegeneinander polemisierender oder gemeinsam kämpfender Mikrokosmos, in dem viele Sonnen strahlten, um die wiederum zahlreiche

Planeten kreisten; manche dieser Gestirne kreisten um mehrere Sonnen zugleich, Tag- und Nachtseiten ineinander verschmelzend.

Der britische Karl-Kraus-Biograph Edward Timms hat den Versuch unternommen, das planetarische Chaos zu systematisieren. „Sie bildeten kleine Eliten innerhalb der kulturellen Elite, die sich durch die Vorherrschaft jüdischer Intellektueller auszeichnete. Das wesentliche Merkmal, das die Wiener Kreise von der kulturellen Elite anderer Städte unterscheidet, ist, daß sich diese Kreise überschneiden. Man kann sie daher als ein konzentriertes System von Mikro-Schaltkreisen darstellen. Dadurch wurde steter Ideenfluß garantiert." Timms identifiziert 15 solcher Schaltkreise. Peter Altenberg beispielsweise verbindet im Modell dieser Ideengalaxis die Sonnensysteme von Kraus und Loos, der Schriftsteller Fritz Wittels jene von Freud und Kraus. Tatsäch-

Oben: Architekt Adolf Loos (1870–1933) und sein enger Freund Peter Altenberg. 1918. Photographie von Trude Fleischmann
Rechts: Karl Kraus (1874–1936). 1928. Photographie von Trude Fleischmann
Gegenüber oben: Albert Freiherr von Rothschild (1844–1911), Oberhaupt der Wiener Linie, und seine junge Frau Bettina Caroline (1858–1892), Tochter von Mayer Alphonse Rothschild (1827–1905), dem Chef der französischen Linie, die er 1876 geheiratet hatte. Um 1880. Photographie

[1] Der Betrag entspräche heute knapp einer halben Million Euro. Er muss jedoch in Relation zu der übrigen Einkommensverteilung gesetzt werden: Ein Universitätsprofessor hatte ein Jahresgehalt von höchstens 11 000 Kronen, ein Gymnasiallehrer bezog rund 3000 Kronen, ein Facharbeiter in der Regel 1000 Kronen und ein Dienstmädchen musste sich mit jährlich 300 Kronen bescheiden.

lich mobilisierte der skeptische Kraus die ganze Schärfe seines Hohns gegen die Psychoanalyse erst, nachdem Wittels, einstmals im Kraftfeld beider Sonnen stehend, öffentlich – das heißt: in elitärer Halböffentlichkeit – gegen seinen früheren Mentor Kraus aufgetreten war.

Der Versuch des britischen Planetenforschers, eine Astronomie des Wiener Geistes zu erstellen, muss unvollständig bleiben, und die Bahnen, die Timms zeichnet, sind ungenau. Doch verdeutlicht sein Diagramm, dass sich in Wien nicht bloß Kaffeehauszirkel gebildet hatten, sondern tatsächlich ein komplexes Beziehungssystem, ein geistiges Universum entstanden war.

In seiner Studie über das Wiener Judentum nennt der amerikanische Historiker Steven Beller das geistige Vater- und Mutterland, in dem sich diese neue intellektuelle Elite der Stadt traf, die „Ethik der Außenseiter": „Ihre Taktik, sich mit den Ideen der Zukunft zu verbinden, war hauptsächlich ein verzweifelter Versuch, sich nicht als isolierte Außenseiter identifizieren zu müssen ... Bei dem Versuch, dem Problem ihres Judentums zu entkommen, zogen sich die Juden allerdings in dieselbe Welt zurück, in der schon ihre Vorväter heimisch geworden waren: die Welt des Intellekts. So lebte die jüdische Tradition, fast gegen den Willen der Erben, fort ... Doch es fehlte an einer gemeinsamen Identität. Was sie für eine neue, gerechte und freie Gesellschaft gehalten hatten, hatte sie zurückgestoßen. Allein ihre Kultur konnte ihnen noch ein Gefühl von Identität und Gemeinsamkeit vermitteln. Sie wurde zum gesellschaftlichen Ersatz, einziges Mittel sozialen Zusammenhalts. Die Elite war zersplittert, eine Gruppe radikaler Individualisten."

Unten: Karl Wittgenstein (1847–1913) und seine Frau Leopoldine, geb. Kallmus (1850–1926), die Eltern von Ludwig Wittgenstein. Um 1900. Photographie des k.u.k. Hofateliers Adèle

Aus allen Teilen Mittel- und Osteuropas waren jüdische Einwanderer in die Hauptstadt der Habsburgerkaiser geströmt. Der zentrifugale Zerfallsprozess des Reiches bewirkte eine jüdische Gegenbewegung. Während die einzelnen Provinzen auseinanderdrifteten, erblickten die Juden in der Zentrumsidee, jener Staatsdoktrin, die als Rechtfertigung des dynastischen Herrschaftsanspruches diente, ihre Überlebenshoffnung. Unter all den divergierenden Bevölkerungsgruppen waren sie wahrscheinlich die treuesten Untertanen Habsburgs: die einzigen, die im Vielvölkerstaat das angestammte Recht auf Thron und Kaiserkrone nicht offen anzweifelten.

Die Loyalität trug zumindest für jenes Segment der Wiener Juden Früchte, das sich im modernen Wirtschaftsleben einen Platz erobern konnte. Sie wurde mit einem sozialen Aufstieg belohnt, der noch 50 Jahre zuvor unvorstellbar gewesen wäre. Zwar blieb Juden weiterhin der Zugang zu der Machtelite in der Donaumonarchie verwehrt (der aktive Offizierstand war ihnen, so sie nicht konvertierten, weitgehend verschlossen, in staatliche Entscheidungspositionen gelangten sie nahezu nie), doch im neuen Geldadel waren sie an führender Stelle vertreten. Drei Jahre vor Ausbruch des Ersten Weltkrieges ließ sich der damalige Finanzminister Robert Meyer von seiner Behörde eine vertrauliche Liste all jener Steuerzahler in Niederösterreich (zu dem ja die Residenzstadt Wien gerechnet wurde) erstellen, die über ein abgabepflichtiges Jahreseinkommen von mehr als 100 000 Kronen verfügten.[1] Von den 929 Großverdienern, die auf diesem Index versammelt sind, entstammten fast zwei Drittel jüdischen

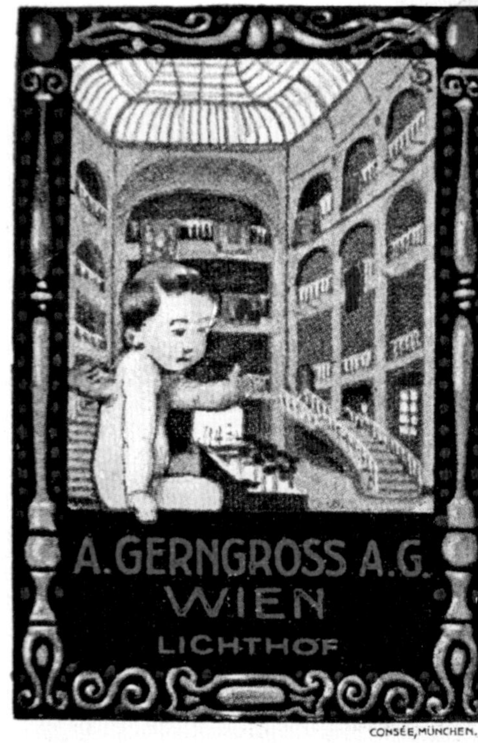

Oben links: Das Warenhaus Herzmansky in Wien VII., Mariahilfer Straße. 1899. Photographie
Oben rechts: Werbemarke für das Kaufhaus Gerngroß A.G. in Wien. Um 1910. Farbklischeedruck
Unten: Geschäftsdrucksache für die Kaufhäuser A. Herzmansky Wien. Um 1910. Farblithographie

Familien, während lediglich knappe zehn Prozent Vertreter alter Adelsgeschlechter aus der sogenannten Ersten Gesellschaft waren.

Im dynamischen Prozess der Industrialisierung waren die Erträge aus hocharistokratischen Vermögenswerten, vor allen agrarischer Großgrundbesitz und Waldgebiete, dramatisch zurückgegangen, während sich das Wirtschaftsleben in kapitalistische Reviere verlagerte. Nun fanden sich auf der Millionärsliste die Namen nahezu aller führenden Bankiers, Industrieller und Warenhausbesitzer der Stadt. Mit einem steuerpflichtigen Jahreseinkommen von 25 684 560 Kronen stand der Finanzmagnat Albert Freiherr von Rothschild unangefochten an erster Stelle. Immerhin auf Position 254 rangierte der damals 21-jährige Student Ludwig Wittgenstein (Jahreseinkommen: 237 308 Kronen), Spross des Stahlkönigs der Monarchie; insgesamt elf Mitglieder der Familie Wittgenstein waren vor und nach ihm registriert.

Zu den Spitzenverdienern zählten Bankiers, Schwerindustrielle und Textilunternehmer ebenso wie Hoteliers oder der Eigentümer den *Neuen Freien Presse*, Moriz Benedikt (Jahreseinkommen: 1 760 702 Kronen). Eine eigene Gruppe bilden die Warenhauspatriarchen, die wie Doro Stein, Albert Mayer oder die Gebrüder Victor und Konrad Tiring von Wien aus Kaufhausketten im gesamten Osmanischen Reich dirigierten. Am Ataba-Platz, einst das Zentrum des Kairoer Geschäftsviertels, stan-

den ihre luxuriösen Einkaufsparadiese sogar in direkter Konkurrenz miteinander. In Wien veränderten andere Dynastien, die Herzmanskys oder die Gerngroß, mit ihren Kaufpalästen das urbane Leben. Als das Textilkaufhaus des Bekleidungsindustriellen Jacob Rothberger, geboren 1825 in einer ungarischen Kleinstadt, gegenüber dem Hauptportal des Stephansdomes im Rahmen eines Umbaus eine neue Fassade erhalten sollte, kam es im Wiener Gemeinderat zu Tumulten. Lautstark beklagte der christlichsoziale Delegierte Josef Gregorig, ein Hemdenerzeuger, dass nun demnächst „an alter deutscher Stätte sich eine Judenburg erheben wird, ein Mausoleum von alten Hosen". Denn der Großkonfektionär verdankte seinen durchschlagenden Erfolg einer cleveren Geschäftsidee: Sein Kleiderpalast verfügte über eine Textilienschwemme, in der gebrauchte Bekleidungsstücke auf neue Ware angerechnet wurde.

Trotz der zahlreichen Anfeindungen musste sich in der jüdischen Elite in den Jahren vor dem Ausbruch des Ersten Weltkrieges zweifelsohne die Gewissheit verfestigt haben, dass sie sich im Zentrum des Vielvölkerstaates etabliert hatte, auch wenn sie nicht so wie die übrigen Nationalitäten über ein eigenes Territorium verfügte; ihr Daheim bestand vielmehr aus dem dynastischen Staatsgedanken.

Die Donaumonarchie verstand sich als Schmelzkessel, in dem sich die kleinen Nationen, die über die Jahrhunderte in den Einflussbereich der Wiener Kaiser geraten waren, auflösen und zu einem übernationalen Amalgam verbinden sollten. Der Alchimistentrick misslang. Die kleinen Nationen fühlten sich in einen Völkerkerker

Oben: Moriz Benedikt (1849–1920) in einer *Muskete*-Karikatur von Fritz Schönpflug: „Der begnadete Leitartikler". Um 1910
Unten: Das Kaufhaus Jacob Rothberger am Stephansplatz in Wien. 1899. Photographie. Zu besonderen Anlässen, wie der jährlichen Fronleichnamsprozession, wurden die Fenster gegenüber dem Dom an Schaulustige vermietet.

geworfen und von der Auslöschung bedroht.

Eine kleine Nation, so definiert Milan Kundera in seinem Essay *Die Tragödie Mitteleuropas*, sei „eine Nation, deren ureigenste Existenz zu jedem Zeitpunkt in Frage gestellt werden kann; eine kleine Nation kann einfach verschwinden, aufhören zu existieren, und sie weiß darüber Bescheid.“ Die Juden, meint Kundera weiter, wären eine „kleine Nation par excellence“: Ohne verteidigbares oder eroberbares Territorium bestand ihre nationale Identität nur aus Religion, Kultur und Geist; ihre Grenzen waren imaginär. Nur dadurch hatten sie den vernichtenden Strom der Geschichte überleben können. „Fremde überall und überall daheim, erhoben über die nationalen Streitigkeiten, so wurden die Juden zum wesentlichen kosmopolitischen und integrierenden Element“, schreibt Kundera: „Sie waren der intellektuelle Zement, eine verdichtete Gestalt des mitteleuropäischen Geistes und die Schöpfer seiner geistigen Einheit.“

Oben: Sigmund Freud (1856–1939) mit seinen Söhnen Ernst und Martin während eines Fronturlaubs der beiden. 1916. Photographie
Unten: Jüdischer Kriegsgottesdienst während des Ersten Weltkrieges im Wiener Stadttempel. 1915. Photographie

Als Jakob Wassermann, der jüdischer Schriftsteller aus dem fränkischen Fürth, sich in Wien in den Jahren der jüdischen Blüte niederließ, glaubte er ein neues Jerusalem betreten zu haben. Er war ein überzeugter Anhänger der Idee einer vollkommenen Assimilation, bei der Juden mit Deutschen so sehr verschmelzen sollten, dass keinerlei Unterscheidung mehr getroffen werden könnte. In Wien hingegen wurde er der entgegengesetzten Entwicklung gewahr: „Ich erkannte aber bald, daß die ganze Öffentlichkeit von Juden beherrscht wurde“, notierte Wassermann in seinen Lebenserinnerungen: „Die Banken, die Presse, das Theater, die Literatur, die gesellschaftli-

chen Veranstaltungen, alles war in den Händen der Juden. Nach einer Erklärung muß man nicht lange suchen. Der Adel war vollkommen teilnahmslos; mit Ausnahme einiger Fehlgeratener und Ausgestoßener, einiger Abseitiger und Erleuchteter hielt er sich nicht nur fern von geistigem und künstlerischem Leben, sondern er fürchtete und verachtete es auch. Die wenigen patrizischen Bürgerfamilien ahmten den Adel nach; ein autochthones Bürgertum gab es nicht mehr, die Lücke war ausgefüllt durch die Beamten, Offiziere, Professoren; danach kam der geschlossene Block des Kleinbürgertums. Der Hof, die Kleinbürger und die Juden verliehen der Stadt ihr Gepräge. Daß die Juden als die beweglichste Gruppe alle übrigen in unaufhörlicher Bewegung hielten, ist nicht weiter erstaunlich. Dennoch war meine Verwunderung groß über die Menge von jüdischen Ärzten, Advokaten, Klubmitgliedern, Snobs, Dandys, Proletariern, Schauspielern, Zeitungsleuten und Dichtern. Mein Verhältnis zu ihnen, innerlich wie äußerlich, war von Anfang an ein höchst zwiespältiges. Um aufrichtig zu sein, muß ich gestehen, daß ich mir bisweilen wie in Verbannung geraten unter ihnen erschien. Ich war bei den deutschen Juden mehr an bürgerliche Abgeschliffenheit und soziale Unauffälligkeit gewöhnt. Hier wurde ich eine gewisse Scham nie ganz los. Ich schämte mich ihrer Manieren, ich schämte mich ihrer Haltung."

Offensichtlich war Wien tatsächlich „verjudet", wie es die Zerstörer des jüdischen Wien nennen sollten. Oder wie dies schon etwas früher der Dichtervater Hermann Bahr, der Linzer auf Abwegen, geschildert hatte, als er gerade eine pan-germanische, antiliberale Phase durchlebte: „Der Wiener scheint wirklich auf den entwurzelten Juden gewartet zu haben. In diesem vollendet sich seine Geschichte ... Wenn man das Wort so nimmt, kann man sagen, daß er durch und durch verjudet ist."

Von all den ethnischen Gruppen, die im Wiener Wesen eingebürgert wurden, blieben die Juden ausgeschlossen. Niemals durften sie wähnen, ein Teil des Ganzen zu sein. Assimilation, wie sie vom deutschen Judentum mit aller Kraft herbeigesehnt wurde, war ihre Sache nicht, da sie doch der einzig supra-nationale Bestandteil eines im Nationalitätenstreit zerfledderten Staates waren.

„Verjudet" war die Stadt hingegen mitnichten. Vielmehr hatte sich in wenig mehr als zwei Generationen ein neues Bevölkerungssegment herausgebildet, das parallel zu den übrigen Stadtbewohnern existierte. Zu keinem Zeitpunkt gelang es jedoch den Juden, von den Wienern als ihresgleichen anerkannt zu werden. Sie waren zu einem sozialen Randgruppendasein verurteilt. Wiens Juden blieben stigmatisiert: Ihr Elend war stets jüdisches Elend, ihr Proletariat jüdisches Proletariat, ihr Bürgertum jüdische Bourgeoisie, ihre Intellektuellen jüdische Intellektuelle. Zusammengeballt in wenigen Stadtvierteln, vor allem in der sogenannten „Mazzesinsel", dem 2. Bezirk auf dem Gebiet des ehemaligen

Auf dem Karmeliterplatz in der Wiener Leopoldstadt. Um 1910. Photographie

Ghettos, wo um die Jahrhundertwende 60 000 Juden lebten, bildeten sie einen Fremdkörper in der harmoniesüchtigen Stadt. „Ich bin dreifach heimatlos", klagte Gustav Mahler: „Als Böhme unter den Österreichern, als Österreicher unter den Deutschen und als Jude in der ganzen Welt. Überall bin ich Eindringling, nirgends erwünscht."

Oben: Gustav Mahler (1860–1911). 1907. Photographie von Moriz Nähr

Das letzte Konzert seines Lebens dirigierte Gustav Mahler am 21. Februar 1911 in der New Yorker Carnegie Hall. Nach einem hässlichen Streit mit dem Damenkomitee der Philharmonic Society, die seine fürstlichen Gagen finanzierte, war der Tonkünstler mit Schüttelfrost in sein Hotel am Central Park zurückgekehrt. In Wolldecken gehüllt, bis ins Mark frierend, fuhr der Fieberkranke in die Konzerthalle. In der Pause ruhte er ermattet auf einem Diwan. Nach dem Schlussapplaus kroch er mit Aspirin in sein Hotelbett. Alle Dirigate der kommenden Abende musste er absagen.

In den nächsten Tagen verfinsterte sich der Gesundheitszustand weiter. Sein Hausarzt Joseph Fraenkel stellte seinem herzkranken Patienten bald eine Diagnose, die in den Tagen, in denen noch keine Antibiotika zur Verfügung standen, einem Todesurteil gleichkam: subakute Endocarditis lenta, langsam fortschreitende bakterielle Herzinnenhautentzündung. Wenn es noch eine Hoffnung gäbe, meinte der eng befreundete Doktor, so befinde sie sich in Europa.

Vergeblich konsultierte Mahler am Pasteur-Institut in Paris einen der berühmtesten Bakteriologen seiner Zeit. Zum Sterben aber kehrte er in die Stadt zurück, deren Musikleben er zehn Jahre lang geprägt, dem er vielleicht erst jenen überragenden Stellenwert verliehen hatte, über den es noch heute verfügt.

Am 12. Mai trifft der Todgeweihte im Schlafwagen in Wien ein. Vier Tage später fällt er im Sanatorium Löw in ein Koma. Man verabreicht ihm eine große Dosis Morphium. Am 18. Mai peitschen orkanartige Böen über die Stadt. Kurz vor Mitternacht ist Mahler erlöst. Als der Sarg von der Klinik in die Friedhofskirche von Grinzing überführt wird, „tobt der Sturm, stürzen Regengüsse hernieder, so daß man kaum vorwärts kommt“, erinnerte sich sein enger Freund, der Dirigent Bruno Walter, an Mahlers letzte Reise.

Das Verhältnis zwischen Mahler und der Stadt, in der er am Konservatorium ausgebildet worden war und in der er später seine ganze Tatkraft entfaltet hatte, war stets getrübt gewesen. Schon seiner Berufung, zunächst zum Kapellmeister und kurze Zeit darauf zum Direktor der Hofoper, war 1897 monatelanges Intrigenspiel vorausgegangen. Es war die angesehenste Position in der gesamten europäischen Musiklandschaft. In Wien waren die besten Stimmen engagiert, in Wien spielten die herausragendsten Instrumentalisten im Orchestergraben. Der Wiener Operndirektor, meinte Mahler, das sei „der Gott der südlichen Zonen“. An der Neubesetzung, einer Staatsaffäre, beteiligten sich die führenden Kreise der Stadt. Fürstin Pauline von Metternich, Enkelin des alten Staatskanzlers und die einflussreichste Salonnière in Wien, favorisierte den Wagner-Dirigenten Felix Mottl und wurde dabei tatkräftig von Cosima Wagner, der Herrin von Bayreuth, unterstützt.

Nach Jahren in Bad Hall, Laibach, Olmütz, Kassel, Prag, Leipzig, Budapest und Hamburg galt Mahler bereits als einer der führenden Dirigenten seiner Zeit, der auf dem ganzen Kontinent zu Gastauftritten verpflichtet wurde. Er war zwar als schwieriger Perfektionist verschrien, zugleich stand er aber bereits in frühen Jahren im Ruf genialer Meisterschaft. Seine Berufung kannte jedoch ein nahezu unüberwindliches Hindernis: Mahlers Abstammung. „Der ist ein Jud, den bring ich nie durch“, verzweifelte Hofrat Eduard Wlassack, Kanzleidirektor in der Generalintendanz der Hoftheater und einer der entschiedensten Unterstützer. Das Argument wollte der Obersthofmeister Fürst Rudolf Liechtenstein, als leitender Beamter des kaiserlichen Haushaltes gewissermaßen auch oberster Hoftheaterintendant, nicht gelten lassen: „Soweit sind wir in Österreich noch nicht, daß der Antisemitismus den Ausschlag gibt.“

Gustav Mahler dirigirt seine Symphonie Nr. 1 in D-dur.

„Gustav Mahler dirigirt seine Symphonie Nr. 1 in D-dur“: Karikatur von Theo Zasche aus *Illustriertes Wiener Extrablatt* vom 25. November 1900

Gleichviel hing die Berufung des gefeierten Dirigenten mehrere Monate lang an einem seidenen Faden. Zusammen mit den Wagner-Anhängern formierten sich Deutschnationale und Antisemiten zu einer Abwehrfront. Vorsichtshalber ließ sich Gustav Mahler in der Kleinen Michaeliskirche in Hamburg katholisch taufen (in einem Brief nach Wien mogelte er, er habe diesen Schritt schon fünf Jahre früher gesetzt) und empfahl seinem Assistenten, dem Berliner Bruno Walter, Gleiches zu tun: „Aber vor allem: übertreten und abdienen!“ Konversion und Militärdienst, darin sah der Komponist das „Entre Billet zur Europäischen Kultur“, wie Heinrich Heine dies nannte.

Als Mahler, der getaufte Jude, dann endlich am 15. Mai 1897 doch seinen Vertrag in Händen hielt, gab ihm der Willkommensgruß der antisemitischen Presse einen Vorgeschmack auf den Ton, der ihm an seiner neuen Wirkungsstätte entgegenschlagen würde. Die „Judenpresse“ müsse mit ihrem Lob vorsichtig sein, warnte etwa die *Reichspost*, das Organ der Christlichsozialen, denn wenn „Herr Mahler am Pult zu mauscheln“ beginne, werde sie blamiert dastehen.

Zunächst nahm der Neuankömmling die Stadt jedoch im Sturm. Sein Debüt als Dirigent im Haus am Wiener Ring wurde bejubelt, und der junge Korrespondent der *Breslauer Zeitung*, ein gewisser Karl Kraus, schwärmte: Mit „Siegfriedallüren“ sei der Neue in den Musentempel eingezogen, schon werde „fleißig gegen ihn intriguirt“, doch mit seiner „Tatkraft“ werde er gewiss den Kampf mit den „unbotmäßi-

Oben: „Unangenehmes Abenteuer Mahler's in der Secession / Beethoven: Hab ich Dich endlich! Na wart, Du Symphonieverhunzer! Karikatur in der Zeitschrift *Kikeriki* vom 24. April 1902
Unten: Gustav Mahler auf der Überfahrt von Europa nach New York. 1909. Photographie
Gegenüber: Berta Zuckerkandl-Szeps (1864–1945) in einem Reformkleid. Um 1910. Photographie von Madame d'Ora

gen Theaterungeheuern" bestehen. Der spätere Gründer der *Fackel* zählte zehn Jahre lang zu dem verschworenen Kreis der Mahler-Jünger, die den Neuerer und Reformer vor allen Anfeindungen in Schutz nahmen.

Mahler wusste, wie ambivalent seine Stellung in Wien war. Einerseits verlieh ihm die Position des Hofoperndirektors geradezu diktatorische Vollmachten, die er auch zu nutzen wusste. Anderseits stand er als Jude unter dem Generalverdacht einer feindseligen Öffentlichkeit. So sehr, dass er selbst, wie alle, die eine vollständige Assimilation ersehnten, die Anfeindungen zu einem gewissen Teil verinnerlichte. „Unseren Hauptfehler die Race können wir nicht ändern", schrieb er einmal an den jüdischen Dirigenten Oskar Fried nach Berlin, der dort einige seiner Sinfonien zur Aufführung brachte: „Da müssen wir wenigstens trachten, die *wirklich* störenden Äußerlichkeiten unseres angeborenen Wesens ein wenig zu mildern: Dafür wollen wir dann *sachlich um so weniger* nachgeben." Wahrscheinlich wirkten in solchen Eingeständnissen noch die Überlegungen nach, die er anlässlich einer Konzertreise in das galizische Lemberg angestellt hatte, wo die Juden damals mehr als ein Viertel der Stadtbevölkerung stellten. Seiner Frau Alma berichtete er in einem Brief über diese Hochburg des traditionellen osteuropäischen Judentums: „Am possierlichsten sind doch die polnischen Juden, die hier herumlaufen, wie anderswo die Hunde. – Es ist äußerst unterhaltend, denen zuzuschauen! Mein Gott, mit denen soll ich also verwandt sein?! Wie trottelhaft mir die Racentheorien erscheinen, angesichts solcher Beweise, kann ich Dir gar nicht schildern!"

Dennoch, der Stachel saß tief, trieb ihn voran, forderte bis zur Erschöpfung Höchstleistungen – wenn auch nur, um die Vorurteile zu entkräften. „Wie wenn ein Mensch mit einem zu kurzem Arm zur Welt kommt", bekannte er seinem kongenialen Mitstreiter bei der Wiener Opernreform, dem Bühnenbildner Alfred Roller: „Da muß der andere Arm desto mehr vollbringen lernen und leistet schließlich vielleicht Dinge, die beide gesunde Arme nicht fertiggebracht hätten."

Sein heiliger Ernst, die ungestümen Forderungen, die er an jedermann stellte, der kompromisslose Leistungswille waren wohl auch befeuert vom innersten Gefühl, einen Makel durch die Welt zu tragen. Für das Opernensemble standen die Zeichen bald auf Sturm. In den vergangenen Jahren hatte sich ein gemütlicher Repertoirebetrieb ausgebreitet, in dem sich selbstverliebte Primadonnen und Heldentenöre der Huldigungen des Publikums gewiss sein konnten, auch wenn sie nur mit halbem Einsatz an der Rampe schmetterten. Der neue Direktor duldete hingegen keine Nachlässigkeiten und prallte bald mit den Habitués der Sangeskunst aufeinander. In Wien tobte wieder einmal einer der beliebten Kulturkämpfe. Vor allem die Antisemiten hetzten gegen den Sohn eines jüdischen Schnapsbrenners aus dem böhmischen Kalischt. Bald erschienen gehässige Karikaturen, etwa eine Schmähzeichnung, die Mahler als zerzauste Vogelscheuche zeigt, die wütend einen Dirigierknüppel schwingt. „Jude Mahler als Vogelschrecker, welcher uns die besten Sänger vertreibt", stand darunter. Je länger er sein Reformwerk vorantrieb und gemeinsam mit Alfred Roller den Aufführungsstil entschlackte und modernisierte, desto giftiger wurde der Ton.

Ohne Zweifel trat Mahler despotisch und unduldsam auf. Mit hohepriesterlichem Ernst fühlte er sich berufen, die Weihestätten der Musik von den Unsitten der Zeit zu säubern. Mit seinen Musteraufführungen habe er „die Disziplin der Opern-Regie, wie wir sie heute kennen", begründet, urteilt der New Yorker Kulturhistoriker Alex Ross in seiner Musikgeschichte des 20. Jahrhunderts *(The Rest Is Noise)*: „Er kodifizierte auch die Etikette des modernen Konzerterlebnisses mit seinem pseudo-religiösen Charakter."

Mahler vertrieb die bezahlten Claqueure von den Rängen, und er verordnete, dass Zuspätkommenden, wie noch heute üblich, nach Vorstellungsbeginn nicht mehr Einlass zu gewähren sei. Als sich daraufhin irgendein Erzherzog bei Kaiser Franz Joseph beschwerte, weil er nicht mehr nach Belieben in seiner Loge aus- und eingehen konnte, seufzte der Monarch: „Mein Gott, das Theater ist schließlich zum Vergnügen da, ich verstehe diese Strenge nicht, aber den Anordnungen des Direktors muss Folge geleistet werden."

Gegen Ende von Mahlers Wiener Phase nahmen die Angriffe der antisemitischen Presse an Schärfe ständig zu, heute würde man von einer Medienkampagne sprechen. Nicht nur der Operndirektor war ins Visier geraten, sondern auch der Tonsetzer. Er komponiere die „Erbsünde", hieß es in einem der Journale nach der Erstaufführung der *VI. Symphonie* im Jänner 1907. Das *Neue Wiener Journal* höhnte: „Blech! Viel Blech! Unerhört viel Blech! Noch mehr Blech! Lauter Blech!" Selbst ein nichtiger Anlass genügte, einen Skandal auszulösen. Als ein Monat darauf der Sänger des Siegmund in der Neuinszenierung der *Walküre* eine braune anstatt der gewohnten blonden Perücke auf seinem Wälsungenhaupt trug, herrschte tagelang Gezeter in den Gazetten ob dieses heimtückischen Frevels an dem germanischen Helden.

Gesundheitlich bereits angeschlagen, demissionierte das Nervenbündel schließlich. „Ich gehe, weil ich das Gesindel nicht mehr aushalten kann", schrieb Mahler einem Freund und nahm ein Engagement in New York an. Zum Abschied hatten seine treuesten Verehrer an einem Dezembermorgen des Jahres 1907 den Bahnsteig am Westbahnhof mit Girlanden geschmückt. Der Maler Gustav Klimt soll nur ein einziges Wort hervorgebracht haben: „Vorbei!" „Ich gehe, weil ich das Gesindel nicht mehr aushalten kann", schrieb er einem Freund und nahm ein Engagement in New York an. Zum Abschied hatten seine treuesten Verehrer an einem Dezembermorgen des Jahres 1907 den Bahnsteig am Westbahnhof mit Girlanden geschmückt. Der Maler Gustav Klimt soll nur ein einziges Wort hervorgebracht haben: „Vorbei!"

Unten: Grabstein für Gustav Mahler auf dem Grinzinger Friedhof, gestaltet 1911 von Josef Hoffmann. Photographie

Als der todkranke Komponist keine vier Jahre später zurückkehrte, feierten genau jene Zeitungen, die ihn einst vertrieben hatten, die Heimkehr eines verlorenen Sohnes. Korrespondenten erwarteten den Zug aus Paris an jedem längeren Stationsaufenthalt und berichteten ihren Redaktionen vom Fortgang der Reise. „Von dem Augenblick an, da die Presse meldete, Mahler sei schwer krank auf der Heimfahrt begriffen, erfasste vehemente Trauer die Stadt", notierte die treue Freundin Berta Zuckerkandl, eine der prominentesten Salondamen von Wien. „Dieselben hämischen, jede Mahler-Aufführung bespuckenden Herrschaften wollten jetzt zu dem intimen Kreis von Mahlerianern gehören, und es umstanden das Sanatorium Löw, wo der Sterbende lag, täglich hunderte Menschen."

Sogar das *Neue Wiener Journal*, das zuvor die Kampagne gegen das unbequeme „Genie" an vorderster Schlagzeilenfront betrieben hatte, vergoss nun patriotische Krokodilstränen: „Österreich hat jetzt die Ehre, daß Mahler sich mit seinen letzten Wünschen wieder dahin sehnte, daß er es betonte, wohin er gehört. Aber wahrlich, er hat nicht alles getan, um diese Ehre zu erlangen."

Das Dilemma der Wiener Juden glich dem Schicksal aller Entwurzelten, die nirgendwo an Traditionen anknüpfen, nirgendwo Bodensässigkeit geltend machen können. Alle Strategien, ein gemeinsames Territorium zu erzwingen, waren gescheitert.

Links: Ehrung der Kabarettisten Fritz Grünbaum, Otto Schmöle und Egon Friedell auf einer Wiener Kleinkunstbühne. Um 1930. Photographie von Lothar Rübelt
Unten: Fritz Grünbaum in der Revue „Hallo! Hier Grünbaum" im Wiener Boulevardtheater. 1927. Photographie
Der Operettenautor, Schauspieler, Regisseur und Conferencier Fritz Grünbaum, geboren 1880 in Brünn, war einer der wichtigsten Unterhaltungskünstler im Wien der Zwischenkriegszeit. 1938 wurde er mit dem ersten Transport in das Konzentrationslager Dachau deportiert, wo er am 14. Jänner 1941 ermordet wurde.

Oben: Fritz Grünbaum (rechts) und sein Partner Karl Farkas mit ihren Revue-Girls nach einer Vorstellung von „Wien lacht wieder!" im Neuen Wiener Stadttheater. 1926. Photographie
Gemeinsam erfand das Komikerduo das Genre der Doppel-Conference. Farkas, geboren 1893 in Wien, setzte 1946 nach seiner Rückkehr aus dem amerikanischen Exil im Kabarett Simpl die große Tradition der jüdischen Wiener Kleinkunst fort und wurde zu einem der populärsten Unterhaltungskünstler des Landes. Er starb 1971 in Wien.
Links: „Toilettenmangel und Busenüberfluß". Szene aus der Revue „Wien lacht wieder!" im Neuen Wiener Stadttheater. 1926. Photographie

Arthur Schnitzler (1862–1931) mit seiner Gemahlin Olga und seinen Kindern Heinrich und Lili. 1910. Photographie von Madame d'Ora

Zunächst hatten die Juden ihre Hoffnungen auf die politische Reform kraft liberaler Ideen gesetzt. Der kurze Traum eines jüdischen Illusionisten. „Eines Tages erwachte er", resümierte der streitbare Rabbiner Joseph Bloch, „schrille, gehässige Töne erschreckten sein Ohr, gleich dem Gebrüll wilder Bestien; er blickte sich um, und seine angebetete Schutzgöttin lag entseelt auf dem Boden."

Rabbi Bloch glaubte an die Gerechtigkeit der Gesetze und meinte, mit ihrer Hilfe ließe sich die Anerkennung durchsetzen. Er zerrte antisemitische Wortführer vor Gericht, focht mit Paragraphen gegen Verleumdung und Verhetzung. Doch jede Verurteilung, die er gewann, stärkte nur die Ablehnungsfront, jeder Richterspruch wurde von den Antisemiten auf der Straße wieder ausgewetzt.

Ebenso war der Versuch einer kulturellen Symbiose gescheitert. Hatten die Juden nicht sogar versucht, die Wiener in ihrer Wienerlichkeit zu übertrumpfen? In ihren Operetten erklang noch unverschämteres Melodienschmalz, aus ihren Heurigenliedern triefte noch larmoyantere Weinseligkeit. Sie waren es, die dem Gütesiegel „Wien" den Weltruf übertriebenen Sentiments eintrugen. Auch einige liebgewonnene Begriffe der Wiener Umgangssprache haben sie geprägt: „Schmäh" beispielsweise heißt auf Jiddisch *schemá* (Erzählung, Gehörtes), „Beisl" leitet sich aus dem hebräischen Wort *ha-bajit* (Haus) her, und „Haberer" entspringt dem jiddischen *chavver* und meint in beiden Sprachen „Freund".

Doch sosehr sich die Juden auch in das Wienerische einpuppten, so täuschend echt sie den Ton trafen, so hingebungsvoll sie auch der Stadt schmeichelten, ihre Umwelt ließ nicht zu, dass sie mit ihr verwuchsen. Karrieren wurden versperrt, Betätigungsfelder verwehrt. Nur dort, wo der soziale Normierungsdruck relativ wirkungslos war, also im Finanzwesen, im Handel und auf dem Gebiet künstlerischer und freier Berufe, konnten sie sich festsetzen. So wurden sie Rechtsanwälte, unabhängig praktizierende Ärzte, Börsenspekulanten, Kaufleute, Journalisten, Literaten oder Musiker. Die jüdischen Domänen entstanden als Produkte eines gescheiterten Integrationsprozesses.

„Es war nicht möglich, insbesondere für einen Juden, der in der Öffentlichkeit stand, davon abzusehen, daß er Jude war, da die anderen es nicht taten", berichtet Arthur Schnitzler in seinen Lebenserinnerungen: „Man hatte die Wahl, für unempfindlich, zudringlich, frech, oder für empfindlich, schüchtern, verfolgungswahnsinnig zu gelten. Und auch wenn man seine innere und äußere Haltung soweit bewahrte, daß man weder das eine noch das andere zeigte, ganz unberührt zu bleiben war so unmöglich, als etwa ein Mensch gleichgültig bleiben könnte, der sich zwar die Haut anästhesiren ließ, aber mit wachen und offenen Augen zusehen muß, wie unreine Messer sie ritzen, ja schneiden, bis das Blut kommt." So waren die Juden gefangen in einem neuen Ghetto; die Mauern unsichtbar und unüberwindlich. Die Grenze imaginär, doch wer sie übertrat, wurde zurückgestoßen von der Wucht entfesselter Intoleranz.

Gab es kein Entkommen, führte kein Weg in die Freiheit? War dies etwa auch der Weg, den Arthur Schnitzlers Romanheld Heinrich Bermann suchte? „Ich glaube überhaupt nicht, daß solche Wanderungen ins Freie sich gemeinsam unternehmen lassen", sagt er, „denn die Straßen dorthin laufen ja nicht im Land draußen, sondern in uns selbst. Es kommt nur für jeden darauf an, seinen inneren Weg zu finden."

Theodor Herzl (1860–1904) am Balkon des Hotels in Basel, in dem er während des ersten Zionistenkongresses wohnte. 1897. Photographie von E. M. Lilien

Tödlich getroffen sinkt der jüdische Rechtsanwalt Dr. Joseph Samuel in den Staub der Burgtheaterbühne. Er hat sich mit einem arroganten, antisemitischen Rechtsanwalt duelliert, um die Ehre seines Volkes zu retten. Sterbend schon ruft er sein Zukunftsorakel in den Saal, und das Echo hallt der Judenheit entgegen: „Juden, Brüder, man wird Euch erst wieder leben lassen, wenn Ihr zu sterben wißt ... hinaus aus dem Ghetto!" Der Vorhang fällt. Der Theaterkritiker der *Neuen Freien Presse* missverstand gründlich, was sein Redaktionskollege Theodor Herzl mit seiner Tragödiendichtung *Das Neue Ghetto* im Sinn führte: „Jede Fremdheit zwischen sich und den Nebenmenschen aufzuheben", meinte der Rezensent, sei die „echte Emancipation des Juden". Daran war Herzl bereits vor Jahren gescheitert; diese Idee hatte er längst verworfen.

Ein Spaziergang zweier Freunde an einem duftenden Frühlingstag über die Ringstraße, wo die Alleebäume in voller Blüte stehen. Der Student aus Budapest sprüht Esprit. Er ist ein Stutzer von ausgesuchter Eleganz. Er trägt den Kopf hoch. Man bewundert seinen scharfen Witz, sein entschlossenes Auftreten. Die beiden Spaziergänger besuchen die Akademische Lesehalle, einen studentischen Debattierverein, in dem die Deutschnationalen schließlich die Oberhand erstreiten; beide verehren sie Bismarck, himmeln Wagner an und verschlingen Nietzsche, sie sind von deutscher Glut und jüdischem Blut. Mitleidig mustert Theodor Herzl seinen Freund Arthur Schnitzler und korrigiert die Nachlässigkeit seiner Krawatte. „Und ich dachte, Sie wären ein Brummell", sagt der Beau aus Budapest.

Ehrgeizig und von Zweifeln zerfressen schlägt der Neuankömmling Theodor Herzl seine Haken durch das Ringstraßen-Wien. Im Budapester Gymnasium hatte er noch davon phantasiert, ein „preußischer Altadeliger" zu sein. Nun sucht er Dichterruhm. Seine Novellen sind ein Tummelplatz von Baronen, Lords und edlen Rittern. Er säbelt sich mit den Burschenschaftern der Albia. Ein Trauerkommers zum Tod des Hl. Teuton Wagner: Wallt Wälsungenblut, speit Wotansschaum dem niederträcht'gen Albengeschlecht ins Gesicht. Der Jude Herzl wird aus der Albia chassiert.

Zur Schriftstellerei reicht es nicht, also landet er bei literarischen Taschenspielertricks; sein Metier wird das Feuilleton. Die *Neue Freie Presse*, damals noch ein Blatt von Weltgeltung, schließt ihn in ihre Arme. Eine Blitzkarriere. Er wird beneidet, umworben, maßt sich Vertraulichkeiten an. Er erhält eine der begehrtesten journa-

listischen Positionen des ganzen Landes: die Korrespondentenstelle in Paris. Aus dem Mutterland der Aufklärung, dem liberalen, fortschrittlichen Frankreich der *liberté, egalité, fraternité* wird er, dem die „Judenfrage" dämmert, Berichte senden, die den Wienern die Augen öffnen müssen.

Bei Herzls Ankunft in Paris macht ein demagogisches Buch Furore: *La France juive*, das „verjudete" Frankreich, von Edouard Drumont. Dann wird ein jüdischer Hauptmann von einem prahlerischen Antisemiten im Duell getötet. Dann wird der Panamaskandal mit seiner Millionenkorruption den Juden in die Schuhe geschoben. Dann muss der Berichterstatter Herzl von der Reportertribune in der École militaire das grimmige Ritual beobachten, bei dem Hauptmann Albert Dreyfus die Rangabzeichen von der Uniform gerissen werden und sein Säbel zerbrochen wird. Er hört vor den Toren die heiseren Sprechchöre, die „Tod den Juden" fordern. In diesem Augenblick müssen Erinnerungen in dem Wiener Journalisten aufgeblitzt sein: Das Wagner-Requiem der Burschenschafter, die Albia stößt ihren jüdischen Kommilitonen aus. Bekommt er da nicht die eigene Demütigung nochmals vorgespielt? Hatte er nicht das erniedrigende Schicksal der Degradierung bereits am eigenen Leib erfahren? Das Ende aller Träume von Integration und Assimilation? „Es gibt eine Judenfrage, daran ist kein Zweifel", meldet er nach Wien.

Seit einiger Zeit schon schwelgt er in Phantasien. In Duellen gegen antisemitische Wortführer könnte er ein Exempel statuieren: Fiele er, würde er zum Märtyrer verklärt; überlebte er aber, so würde er vor Gericht gestellt werden und Gelegenheit zu einer großen Verteidigungsrede erhalten. „Ein Dutzend Duelle würden die gesellschaftliche Position der Juden sehr heben", korrespondiert Herzl nach Wien. Oder er könnte seine Beziehungen spielen lassen, um den Papst von der Nützlichkeit massenweiser Judentaufen – sonntags nach dem Hochamt, bei großem Geläute und im Wiener Stephansdom – zu überzeugen. Oder er entwirft eine Rede an Rothschild. Darin fordert er eine Milliarde Francs für den Landkauf in Palästina und bietet dem jüdischen Krösus die Regentschaft des ersten „Dogen" in der Patrizierrepublik des neuen Judenstaates an. Bei der festlichen Amtseinführung werde dieser das mittel-

Oben: Theodor Herzl (rechts) als Kommilitone der Studentenverbindung „Albia", der unter anderen auch Hermann Bahr angehörte. Um 1881. Photographie
Rechts: Theodor Herzl und die Wiener Zionisten im Café Louvre (Wien I., Renngasse 9). 1896. Photographie

alterliche Schandzeichen, den spitzen Judenhut, als Ehrentracht tragen. Auf der Flagge seines Reiches würden auf weißem Feld sieben goldene Sterne prangen, Symbol dafür, dass im modernen Gemeinwesen der Juden ein Arbeitstag nur noch sieben Stunden hat.

Langsam nimmt so der Judenstaat Form an: eine jüdische Eidgenossenschaft, eine platonische Republik, ein „Judäa des Geistes", wie der unermüdliche Herzl sein zukünftiges Zionsreich nennt. Modern und zukunftsfroh, ein Land der guten Hoffnung, unbeschwert vom Ballast der Vergangenheit. Im jüdischen Staat ließen sich alle Reformen verwirklichen, die in der engstirnigen Heimat gescheitert waren. „Der moderne Zionismus entstand in Österreich, in Wien", formulierte Joseph Roth, auch er ein Zu-spät-Gekommener: „Ein österreichischer Journalist hat ihn begründet. Kein anderer hätte ihn begründen können."

In Wien kursierten bereits seit Jahren ähnliche Ideen. Rund um den Schriftsteller und Religionsphilosophen Nathan Birnbaum, den Sohn ostjüdischer Zuwanderer, hatte sich beispielsweise ein Kreis frommer, jüdischer Pioniere gesammelt; Birnbaum gilt als Erfinder des Begriffes „Zionismus", den er erstmals 1890 in seinem Aufsatz *Selbst-Emancipation* geprägt hatte (bald nach dem ersten Zionistischen Weltkongress von 1897 kehrte er allerdings der jungen Bewegung wieder den Rücken zu). Der Journalist, utopische Schriftsteller und Ökonom Theodor Hertzka wiederum propagierte in seiner „Freiland"-Bewegung ein Schlaraffenland an den Abhängen des Kilimandscharo.

„Herzls Zionismus birgt eine ungeheure Trotzreaktion", meint die Literaturwissenschaftlerin Nike Wagner: „Ihr wollt mich nicht? Ich gehe. Als Jude darf er nicht mehr Wiener sein. Doch wenn er schon Jude sein muß, dann wird er es den anderen zeigen, was das heißt: Als Jude ist er der bessere Wiener." Ein Weg ins Freie?

„Niemand dachte daran, das Gelobte Land dort zu suchen, wo es ist – in uns selbst", vertraute Herzl seinem Tagebuch an. Er glaubt an Luftschiffe und Elektrizität, an den Fortschritt in Kommerz und Gemeinwesen. Seine Staatsdoktrin entspringt keinem anderen Glaubensgrundsatz als dem Vertrauen auf die ordnende Kraft der reinen Vernunft. Religion gilt ihm als Folklore, in frommen Sitten sieht er liebenswerte Schrullen, die am besten im Museum aufgehoben wären. „Wer von uns versteht noch genug Hebräisch, um auch nur ein Bahnbillet verlangen zu können", spottet er.

Das jüdische Utopia bevölkern Kosmopoliten, die englisch, französisch oder deutsch sprechen. Die verspotteten Ghettosprachen und die mittelalterliche Ghettokultur werden zurückgelassen im Ghetto der Diaspora. Nun verwandeln die Juden ihre Wüstenei in ein paradiesisches Gesamtkunstwerk. Aus aller Welt holen sie nur das Beste: Aus Amerika kommen technischer Fortschritt und moderner Städtebau, aus England Fairness und Sport, aus Paris Raffinesse, Esprit und Académie, und das Nationaltheater gleicht dem Burgtheater daheim in Wien. In diesem Traumland Zion haben Toleranz und Technik einen Pakt miteinander geschlossen, in dem sich der Bund, den Gott einst mit Noah eingegangen war, erneuerte. *Altneuland* tauft Herzl seine Erlösungsvision. Im Nachwort heißt es: „Traum ist von Tat nicht so verschieden. Alles Tun der Menschen war vorher Traum und wird später zum Traume."

Herzl will kein neuer Messias sein. Ihm hat kein Gott ein biblisches Eretz Yisrael versprochen; sein „Judenstaat" ist eine pragmatische Sanktion, mit der er der Wie-

Oben: Schluss-Sitzung des 14. Zionistenkongresses im Großen Konzerthaus-Saal in Wien. 1925. Photographie
Unten: Plakat zur „Palaestina Ausstellung" anlässlich des 14. Zionistenkongresses in Wien. 1925. Farblithographie

Oben: Joseph Roth (1894–1939) auf einem Bahnsteig während einer Reise in Frankreich. 1926. Photographie

ner Ausweglosigkeit begegnet. Ein dynamisches Konzept, nicht Flucht, sondern Bewegung: Der Zionismus sei „das jüdische Volk unterwegs", meinte der Herzl-Biograph Alex Bein.

Märchenerzähler, Journalist und Dichter, ruheloser Bohemien und melancholischer Alkoholiker: Joseph Roth war einer jener Juden, die sich auf Wanderschaft begaben und niemals ihr Ziel erreichten. Von seiner galizischen Heimat blieben ihm lediglich sentimentale Erinnerungen; in Wien angekommen, konnte er bald nur noch einer zerschmetterten Idee, der Habsburger-Monarchie, nachtrauern. Er verschrieb sich in Elegien. Denn jedes Ziel, ob nun der Anstieg zu Parnass oder Zion führen mochte, war Phantasmagorie. Er, ein Luftmensch der Zukunft, schwebte einen historischen Moment orientierungslos über dem Abgrund der Stadt.

Joseph Roth war wahrscheinlich der Verlorenste einer verlorenen Generation. Heimatlos, zukunftslos streifte er durch die Feuilletons. Was er begann, endete in Trauerklagen. In immer neuen Legenden verherrlichte er sein imaginäres Heimatland, wo des kaiserlichen Himmelvaters liebste Kinder die Juden sind. Ein Untergangsprophet, lebenslang im Exil, verzweifelt an der Weltgeschichte, der er Sinnlosigkeit vorzuwerfen hatte. „Es ist längst nicht mehr so, daß der Vernünftige irre wird an der Welt, sondern daß die Welt buchstäblich irre geworden ist und daß es sinnlos ist, noch Vernunft zu bewahren", schrieb er einem Freund in den ersten Tagen seiner Emigration aus Paris: „Begreifen Sie, daß ich ahnungsvoll immer traurig war und bin?"

Die Gegenwart war trügerisch, die Zukunft in Frage gestellt. Nur wer die Augen mit ganzer Kraft verschloss, konnte noch einen Rest an Zuversicht bewahren. Die Zeit verlangte nach Überlebenskunststücken. Versteckte sich nicht unter der Oberfläche der Ereignisse ein anderes System von Kausalität? Gab es nicht verschiedene Antworten auf ein und dieselbe Frage? Verborgene Wahrheiten, begraben unter einem Berg beiläufiger Phrasen? Das Hirn musste sich zuerst von den Etiketten aller Denkschulen befreien. Der Pionier, der einen neuen Kontinent entdecken, eine neue Welt erobern wollte – also eine Gesellschaft innerhalb der Gesellschaft schaffen, die einer

Oben: Kleine Soldaten in einer Vorstellung der Kindertanzgruppe der Ausdruckstänzerin Hilde Holger (1905–2001). 1927. Photographie von Atelier Zimbler
Unten: Titelseite zur Erstausgabe Sigmund Freud: *Die Traumdeutung*. Franz Deuticke Verlag: Wien 1900

Gruppe von Außenseitern Zuflucht bot –, wer dieses Überlebenskunststück wagte, der musste sich auf das Ungewisse einlassen. Nichts ist, was es scheint; jeder Schritt ein Risiko, jedes Bild ein Code. Nur wer den Code knackt, erlangt Klarheit und Kontrolle. Keine Flucht, sondern Bewegung: Die Moderne ist das Denken unterwegs. Die Zukunft gehört der Idee auf Wanderschaft.

Sigmund Freud hat seinen beschwerlichen Weg einmal mit dem Gang durch einen finsteren Wald voller falscher Hinweisschilder und windschiefer Markierungen verglichen. Der Anstieg führt einen steilen Abhang hoch, bis schließlich der herumirrende Wanderer zum Gipfel dringt und seinen Blick frei schweifen lassen kann. Erkenntnis ist endlich möglich für den, der sich durch das Dickicht der menschlichen Natur einen Weg frei geschlagen hat.

Die Entdeckung und Erforschung des Unbewussten war ein mühsamer Prozess, den Freud an der eigenen Psyche vornahm. Öffentliche Ablehnung schlug ihm entgegen. Die medizinische Orthodoxie erachtete bereits die Fragen, die Freud stellte, als Zumutung; die Antworten, die er fand, nahm sie nicht mehr zur Kenntnis. Sein wissenschaftlicher Ruf litt schweren Schaden, Patienten blieben aus. In seinen Anfangsjahren musste der jungverheiratete Nervenarzt mehrmals bei Freunden Geld borgen und seine goldene Uhr ins Pfandhaus tragen.

Zum Motto der *Traumdeutung*, des Buches, mit dem alles begann, wählte der Seelenpionier eine Zeile aus der *Aeneis*, jenem Epos, das von dem herumirrenden Trojaner erzählt, der seine Heimat verloren hatte und nach einem Land suchen musste, das ihm Sicherheit und Zukunft bot (der Sozialdemokrat Ferdinand Lassalle hatte bereits vor Freud dieselbe Zeile des Vergil-Epos für die Titelseite seiner Kampfschrift *Der italienische Krieg und die Aufgabe Preußens* bemüht). Auf seiner Reise ins Exil gelangt der Asylsucher Aenas sogar an den Rand der Unterwelt und blickt in den Abgrund. Ein Blick, wie auch Freud ihn wagte, und so zitierte er: „Flectere si nequeo

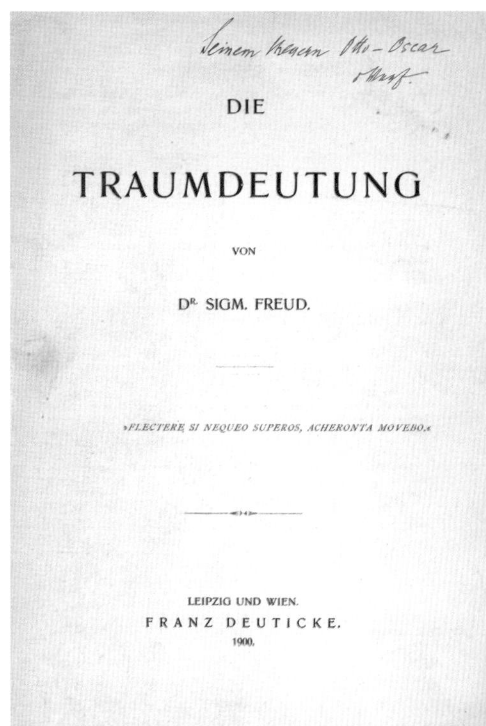
DIE

TRAUMDEUTUNG

VON

DR. SIGM. FREUD.

»FLECTERE SI NEQUEO SUPEROS, ACHERONTA MOVEBO.«

LEIPZIG UND WIEN.
FRANZ DEUTICKE.
1900.

Rechts: Das „Komitee" der Psychoanalytischen Vereinigung, sitzend (v.l.n.r.) Sigmund Freud, Sándor Ferenczi, Hanns Sachs. Stehend (v.l.n.r.) Otto Rank, Karl Abraham, Max Eitingon, Ernest Jones. 1922. Photographie
Gegenüber: Sigmund Freud am Schreibtisch in seinem Arbeitszimmer in Wien IX., Berggasse 19. Um 1935. Photographie

superos, Acheronta movebo." („Kann ich die höheren Mächte nicht beugen, bewege ich doch die Unterwelt.") „Die Traumdeutung", ergänzte er, „ist die Via regia zur Kenntnis des Unbewußten im Seelenleben". Des Traumwandlers Pfad, ein Weg ins Freie?

Erst sein Außenseitertum hatte es Freud ermöglicht, in sein eigenes Unbewusstes vorzudringen. Bevor er das Tor aufstoßen konnte, musste er die Größen- und Allmachtsphantasien, die fast alle Intellektuellen jener Epoche beseelten, überwinden. Der Analytiker Mario Erdheim meint, Freuds erster Expeditionsbericht aus dem Reich des Unbewussten, die *Traumdeutung*, lese sich wie eine „Chronik des sozialen Sterbens": „Der soziale Tod", so Erdheim, „ist jener Prozeß, in welchem die sozialen und kulturspezifischen Rollen zerfallen, die unbewußten Werte und Identitätsstützen ins Wanken kommen und damit auch die diesen Verhältnissen angepaßten Wahrnehmungen." Je integrierter der Einzelne in die gesellschaftlichen Strukturen ist, desto unmöglicher wird es ihm, Unbewusstes, das mit seinen Größenphantasien verknüpft ist, zu erkennen.

„Weil ich Jude war, fand ich mich frei von vielen Vorurteilen, die andere im Gebrauch ihres Intellekts beschränkten", so erklärte Freud ein Vierteljahrhundert später: „Als Jude war ich dafür vorbereitet, in die Opposition zu gehen und auf das Einvernehmen mit der kompakten Majorität zu verzichten."

Er wäre dieses Einvernehmen eingegangen, hätte die „kompakte Majorität" es zugelassen. Der als Kind nach Wien zugewanderte Sohn eines jüdischen Wollhändlers aus dem mährischen Freiberg erfuhr die Ablehnung von Jugend an: „Vor allem traf mich die Zumutung, daß ich mich als minderwertig und nicht volkszugehörig fühlen sollte, weil ich Jude war", schrieb er in seiner Selbstdarstellung. Freud studierte Medizin, eine der wenigen Studienrichtungen, in der junge Juden Zukunftschancen sehen konnten. 1890 waren etwa 48 Prozent der Medizinstudenten an der Wiener Universität Juden. Auch auf der Alma Mater waren antisemitische Parolen gebräuchlich, die vor „Überfremdung" warnten. 1875, zwei Jahre nachdem Freud

seine Studien begonnen hatte, tobten die ersten großen Tumulte, nachdem der Chirurg Theodor Billroth in einer berüchtigten Rede gegen die Horden galizischer Juden gehetzt hatte, die Wien überschwemmt hätten, um Medizin zu studieren.

Freud ging nach Paris. Begeistert besuchte er die Rezitationen – Vorlesungen wäre ein zu geringes Wort –, mit denen der gefeierte Neurologe Jean-Martin Charcot seine Zuhörer an der Salpêtrière fesselte. Spöttisch nannten ihn seine Zeitgenossen den „Napoleon der Neurosen“. „Nach manchen Vorlesungen gehe ich fort wie aus Notre-Dame, mit neuen Empfindungen von Vollkommenheit“, berichtete Freud seiner Verlobten. Als er zu einer Privataudienz geladen wurde, nahm er zuvor eine Prise Kokain.

Zu gerne wäre der eifrige Schüler Statthalter des großen Charcot in Wien geworden. Er übertrug die Schriften des Meisters ins Deutsche, unternahm allerlei Anstrengungen, stets bemüht, ebenfalls ein gesuchter Modenervenarzt der überreiz-

Oben: „Juden Eintritt verboten“: Antisemitische Krawalle am Haupteingang zur Wiener Universität. 1931. Photographie von Lothar Rübelt
Rechts: Auf dem Markt im Werd (Karmelitermarkt) in der Wiener Leopoldstadt. 1915. Photographie

ten Jahrhundertwende-Gesellschaft zu werden. Doch das medizinische Establishment gestattete es nicht. Wo Gleichaltrige Posten und Titel bekamen, wurde der Jude Freud zurückgestellt. Daher suchte er seinen eigenen Weg. Schon seine ersten Theorien schockierten die Fachkollegen; Freud musste sie gar nicht erst mit der Entdekkung des Unbewussten erschrecken. Die eingesessene Gesellschaft verweigerte ihm, dem jüdischen Neuankömmling, das gemeinsame Territorium und ließ ihm keine andere Wahl. Nicht zu Napoleon, dem Eroberer, sondern zu Aeneas, dem Gründervater, wuchs er heran.

Oben: „Der blinde Bettler von der Produktenbörse" in Wien II., Taborstraße. Vor 1920. Photographie von Anton und Hans Bock
Unten: Arbeitsloser am Karmelitermarkt. Um 1930. Photographie von Roman Vishniac

Dass „der Weg ins Freie" zur Entdeckung der Moderne führte, war kein Wiener Phänomen. Doch nirgendwo wurde es so deutlich wie in der Residenzstadt des habsburgischen Vielvölkerstaates. „Jüdisch ist der Geist der Moderne", postulierte der Jude Otto Weininger, der sich in seinem grandiosen Judenhass als Überwinder von Tradition und Abstammung empfand und gleich zum Religionsgründer berufen fühlte. Wie sehr war doch die radikale Anti-Moderne des verzweifelten Selbstmörders Weininger ein Irrweg, der an einer Gabelung vom Weg ins Freie abzweigt und größenwahnsinnigen Gedankenschildern folgt. Dort, wo der Grübler starb, in irrationaler Finsternis, lag der schwere Schatten der Moderne, die doch so klar, hell und aufklärerisch aus der Vergangenheit in unsere Tage leuchtet.

Für die Moderne gab es keinen dauerhaften Platz. Das Universum der kulturellen Elite hatte keinerlei Fundament und Basis. Es war ein Wolkenkuckucksheim, ein Traumland, in dem spielerischer Gedankenflug Kunst schuf und die Kultur zum Schleier wurde, der sich verdeckend über die Realität senkte. Sie hatten den zerstörerischen Griff nach den Tabus gewagt: Nichts ist, wie es scheint. Doch die Pioniere des Zweifels knackten nicht den Code, erkannten nicht die verborgene Wahrheit ihres Traumes. Die alte Form der Assimilation, die Integration, sollte einer neuen weichen: der Konfrontation.

Dieser Prozess setzte sich zu Beginn der Ersten Republik fort. Neuerlich stießen Zuwanderer, diesmal waren es die Flüchtlingsströme galizischer Juden, auf offene und unverhohlene Ablehnung – sowohl unter der jüdischen Bevölkerung selbst, die sich von der ärmlichen und orthodoxen Ghetto-Mentalität in ihrem Selbstverständnis als weltläufige Großstadtbürger bedroht sah, als auch unter den übrigen Wienern, die bis hin zum Ausbruch von Epidemien alles Erdenkliche befürchteten.

Die fremdartigen, bärtigen Elendsgestalten, viele von ihnen nach wie vor in einen schmuddeligen Kaftan, der traditionellen Tracht des Ghettos, gewandet, waren ein neuer und verstörender Anblick im Wiener Stadtbild. Sie vegetierten in Massenquartieren, in denen sich Dutzende von Bettgehern auf ihren verdreckten Schlafstätten ein finsteres und meist unbeheiztes Loch teilen. Dort dämmerten die Kranken und Entkräfteten ihrem Ende entgegen. Andere bettelten, hausierten oder handelten an Straßenecken mit kümmerlichen Gebrauchsgütern. Einer, der beispielsweise Kopfbedeckungen verkaufte, trug seinen gesamten Lagerbestand, einen schwankenden Turm mit Herrenhüten aus zweiter Hand, auf seinem hoch erhobenen Haupt herum.

Es war eine düstere, trostlose Sphäre der Hoffnungslosigkeit, die der marxistische Journalist Bruno Frei in seiner Sozialre-

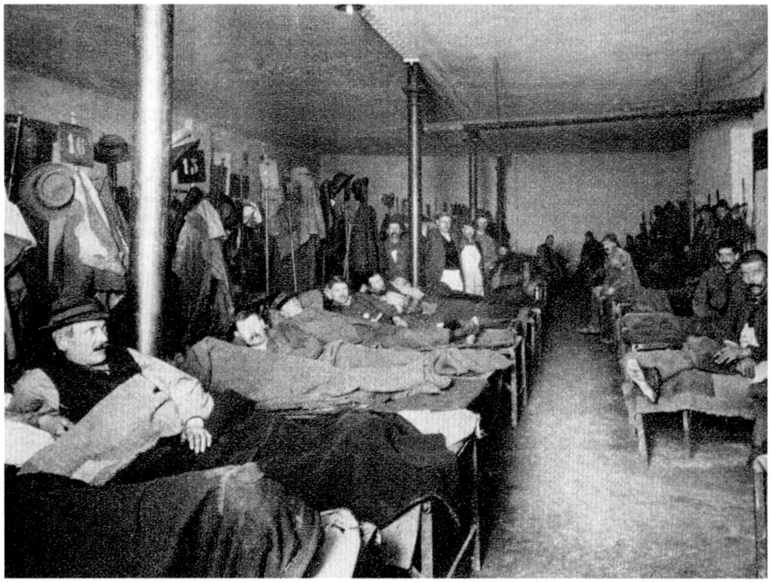

Links oben: „Flüchtlingselend in der Brigittenau. Karajangasse 15". Vor 1920. Photographie von Anton und Hans Bock. In: Bruno Frei, *Jüdisches Elend in Wien*. R. Löwit Verlag: Wien 1920
Links Mitte: „Der große Schlafsaal beim ‚Herbsthofer' in der Favoritenstraße". Vor 1920. Photographie von Anton und Hans Bock
Links unten: „Jüdische Proletarierwohnung. VII., Kirchberggasse 19". Vor 1920. Photographie von Anton und Hans Bock

Rechts oben: „Ein tuberkuloses Kostkind, das mit 7 Jahren 8,4 kg schwer ist." Vor 1920. Photographie von Anton und Hans Bock
Rechts unten: „Geistige Arbeitslosigkeit". Vor 1920. Photographie von Anton und Hans Bock

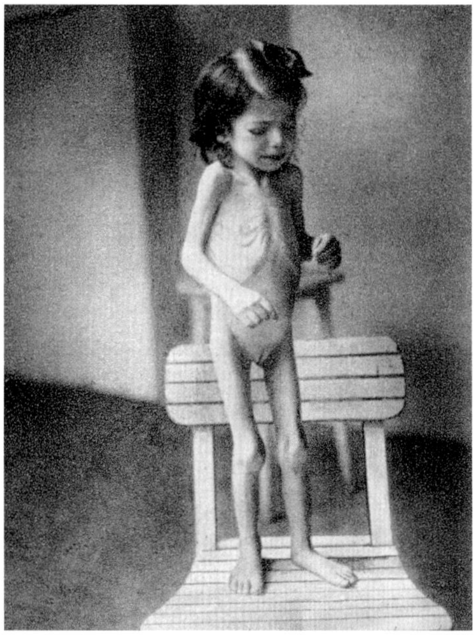

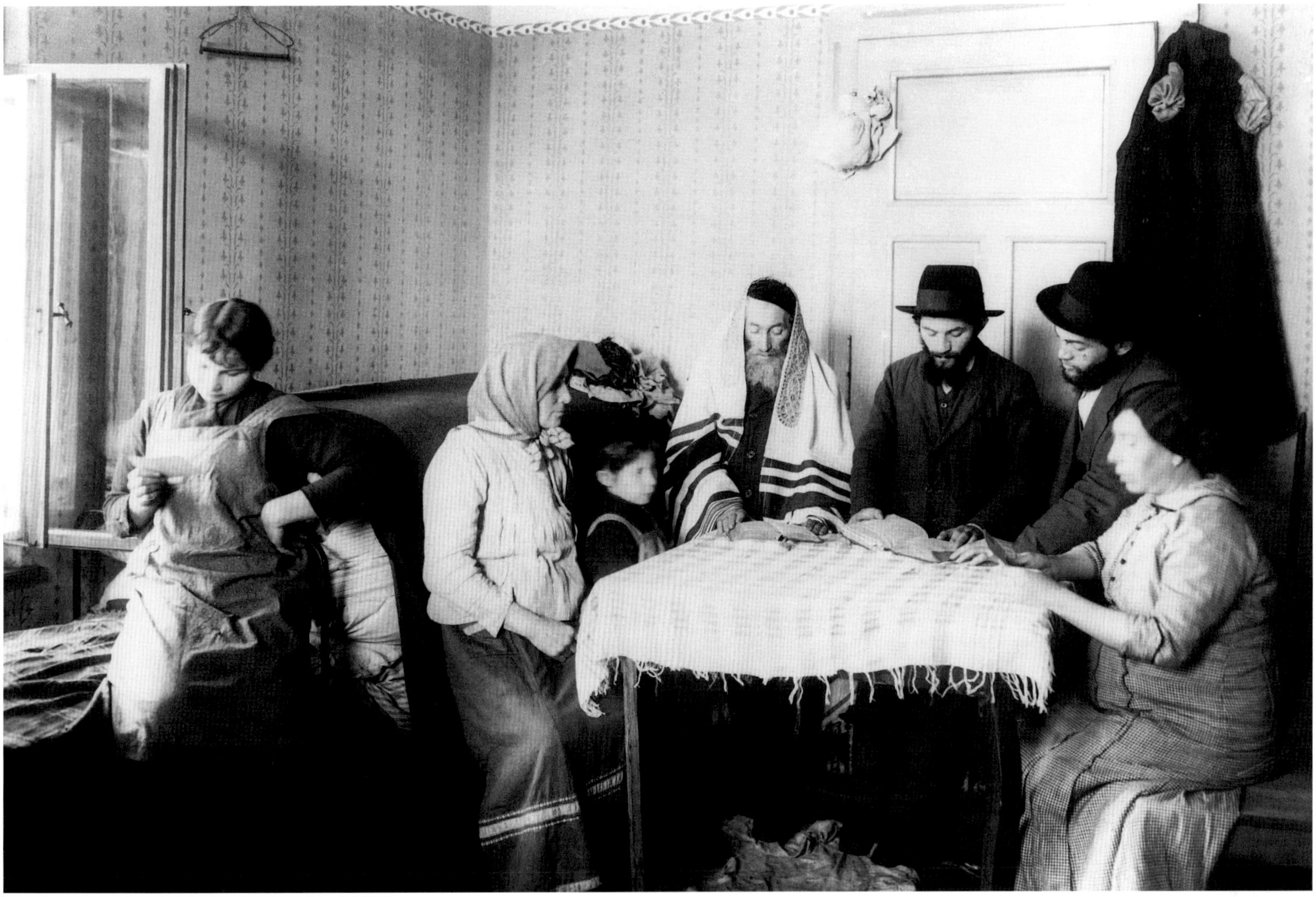

Oben: Galizische Flüchtlingsfamilie. 1916. Photographie der Baron-Hirsch-Stiftung
Rechts: „Pogromflüchtlinge aus Lemberg hausen bettenlos bei Verwandten. XX., Vorgartenstraße 89". Vor 1920. Photographie von Anton und Hans Bock

portage *Jüdisches Elend in Wien* vor allem auch deshalb in den ersten beiden Nachkriegsjahren erkundete, um sie den antisemitischen Klischees von der jüdischen Profitgier entgegenzuhalten. In einem Durchgang der Produktenbörse an der Taborstraße stieß der Reporter etwa auf einen blinden Fiedler, der unbeachtet von den geschäftigen Passanten in der Februarkälte auf dem Pflaster kauert. Das Menschenbündel sei „so unansehnlich" gewesen, „dass man ihn förmlich suchen muß, ehe man ihn erblickt". Er begleitete den armen Kerl in seine Unterkunft.

„Er führte mich dahin, wo das Grausen haust: in ein schmutzstarrendes Massenquartier der Leopoldstadt. Ein dunkler Raum, der sich alsbald als Küche entpuppt. Zwischen Herd und Kasten einige Fetzen als Bettstatt. Im Zimmer und in einer an die Küche grenzenden Kammer einige offene Betten. Hier wird Nächte hindurch gespielt, gerauft und geschrien, und der müde Bettler, der blinde Markus Seidenwurm, findet, auf seinem bezahlten Küchenlager kauernd, auch in der Nacht keine Ruhe. Und er erzählt mir von seinem Leben: In Lemberg hat er Frau und Kind, eine achtzehnjährige Tochter, beide krank, das Mädel im Spital. Er zeigt mir Jammerbriefe: Fater, rete mich! ... Solange er noch nicht ganz blind war, ging er in die Gasthäuser der Leopoldstadt fiedeln. Er kann wohl nur zwei Melodien und auch die herzlich schlecht, doch ging's ihm damals noch gut, er verdiente bis 30 Kronen die Woche. Jetzt geht's schlechter. Obwohl er seinen Posten wechselt, fällt seine krüppelhafte Gestalt dennoch auf, den Schutzleuten nämlich. Dann wird er auf 48 Stunden in den Arrest gesteckt, da kann er wenigstens seine Glieder ausstrecken."

Oben: Der Wunderrabbi aus Góra-Kalwarja (Galizien) auf Besuch in Wien. 1932. Photographie
Unten: Eröffnung des Weltkongresses der Agudas Jisroel, der größten Vereinigung des orthodoxen aschkenasischen Judentums, in den Wiener Sofiensälen. 1929. Photographie

Das jüdische Massenelend nährte noch zusätzlich den antisemitischen Furor. Zu den alten antisemitischen Verdächtigungen gesellten sich neue, die den Flüchtlingen jedes Bleiberecht absprechen wollten, da sie doch den Keim von Krankheit und Verwahrlosung mit sich gebracht hätten. Dieser Ablehnungsmechanismus führte allerdings auch dazu, dass sich in Wien abseits der bereits etablierten jüdischen Gemeinschaft ein neues Zentrum frommer Gläubigkeit herauskristallisierte, das über die Grenzen seines Gemeindelebens hinausstrahlte und zu einer neuerlichen mystischen Verinnerlichung im Neuchassidismus oder in der Philosophie von Martin Buber führte, die an die Ursprünglichkeit jüdischen Lebens in der Diaspora anschließen wollte.

Als 1933 Israel Friedmann, der Czortkower Rebbe, zu Grabe getragen wurde, säumte eine unübersehbare Menschenmenge die Heinestraße in der Leopoldstadt – ein Bild, wie man es heute höchstens aus den chassidischen Vierteln in Brooklyn oder aus Mea Sharim, der Hochburg der Orthodoxie in Jerusalem, zu kennen meint. „Nun war die Menge nicht mehr zu halten", berichtet die Tageszeitung *Der Morgen*: „Alles drängte nach vorne, jeder wollte möglichst nahe zum Sarg

Oben und unten: Begräbnis des Czortkower Rebben Israel Friedmann am 3. Dezember 1933 in Wien-Leopoldstadt, Heinestraße. Während des Ersten Weltkrieges nach Wien geflüchtet, war er einer der Führer der Agudas Jisroel. Sein Bethaus (zuerst Rossauer Lände 3, dann Heinestraße 35) war Zentrum traditionell-jüdischen Lebens in Wien. 1933. Photographien von Albert Hilscher

gelangen und womöglich den Sarg berühren, da nach orthodoxem Glauben eine Bitte an den Wunderrabbiner damit erfüllt werde."

In seinem Kriegsheimkehrerroman *Barbara oder die Frömmigkeit* schilderte Franz Werfel 1929 die exotische Erscheinung eines dieser chassidischen Rabbiner aus dem fernen Osten der Monarchie, des Dunajower Rebben, der im Gefolge der österreichisch-ungarischen Niederlagen mit seinen Anhängern eine neue Heimstatt in Wien gefunden hatte. In einer dunklen Gasse der Leopoldstadt, in einem „Proletariererhaus voll von scharfen und feucht-fauligen Gerüchen" hielt er Hof in „einer großen Stube oder besser einer überaus geräumigen Küche mit einem ansehnlichen Herd, auf dem ungewaschenes Geschirr und Biergläser umherstanden".

Der kahle Raum ist Audienzsaal und Andachtsstätte, Versammlungszentrum und spiritueller Mittelpunkt der verschworenen Gemeinschaft. Die Männer sitzen an langen Holztischen, der Weise thront ihnen gegenüber in einem Lehnstuhl beim Fenster. „Vielleicht wäre der Kopf des Rabbi auf den ersten Blick weniger märchenhaft-erschreckend gewesen, hätte ihn nicht die riesige Pelzmütze gekrönt, die seine Gewalt verdoppelte und verdreifachte. Die Pelzmütze aber war nichts anderes als die Potenzierung des Bartes, der Wesen und Leben dieses Gesichtes bildete. Der dunkelgraue Bart begann schon unterhalb der Augen hervorzuströmen, die glänzend

Portrait Nathan Birnbaum (1864–1937).
Um 1910. Kreidezeichnung

gedrehten Schläfenlocken vermischten sich mit ihm, selbst auf dem Rücken der herrischen Nase wuchs ein kleiner Busch grauen Bartes. Eine hypnotische Lebendigkeit ging von dem Bart aus, er konnte lächeln und zürnen, ja diese Gemütsbewegungen in verschiedenen Graden aussenden oder zurückhalten, er bestimmte, wie weit man im Abstand bleiben oder sich der überlebensgroßen Figur annähern durfte, die fettleibig im Lehnstuhl lastete. Das unruhige Leben des Bartes wurde allein von zwei kleinen funkelnden Sternen regiert, die in der tiefsten Tiefe der Augenhöhlen hofhielten."

Eine magische Kraft geht von der Erscheinung des heiligen Mannes aus. Er ist ein Tzaddik, ein Rechtschaffener, wie in der alten osteuropäischen Heimat jene Männer genannt wurden, die in einer besonderen Nähe zu dem Allmächtigen standen und ihren Anhängern eine Vorstellung der göttlichen Allumfassendheit zu vermitteln vermochten. „Auf einmal neigte sich der Rabbi weit zurück und schloß die schweren Augendeckel. Mit einem Mal schwieg der Lärm an dem langen Tisch, an dem die Männer saßen. Man hätte glauben können, der Riese sei eingeschlafen", erzählt Werfel in seinem Roman, der die Szene aus eigener Anschauung kannte: „Aus der umfänglichen Brust des Rabbi aber stieg, während er ruhig zu schlafen schien, ein seltsam wohltönendes Gurgeln auf, das in samtenes Summen überging, Kraft sammelte und sich zu einem starken, klangerfüllten Triller ausweitete, der langsam abschwoll und wieder in dem samtenen Summen erlosch. Die Wirkung dieses kurzen, aus innerster Seele geholten Traumgesanges auf die Menschen war unbeschreiblich ... Sie schaukelten hin und her, tanzten auf ihrem Sitz, machten verzückte Verbeugungen, lehnten sich, als sähen sie den Himmel offen, weit zurück und wiederholten leise tremolierend die Melodie, die der Alte immer von neuem aufnahm und veränderte."

Diese Form der mystischen Verzückung aus ungetrübter Glaubenstiefe war in der modernen, westlichen Kulturwelt der Wiener Juden ein unbekanntes Phänomen, und es traf sie wohl, Gottesfürchtige wie Gottlose, wie die zürnende Schelte der alten Religionsväter.

Mit den fremdartigen Gestalten im schwarzen Kaftan, die mit einem Mal die Straßen bevölkerten, war auch ein neuer Zungenschlag in Wien eingezogen, der hier lange nicht mehr vernommen worden war: Jiddisch, die alte Sprache des Schtetls, die einst in den finsteren Zeiten der Pestpogrome aus dem Mittelhochdeutschen hervorgegangen war und sich im Osten Europas mit hebräischen und slawischen Elementen vermischt hatte. Jiddisch war die Sprache des Ghettos, die Sprache des Elends, die Sprache einer verstockten Tradition und einer Kultur, die in einer modernen Metropole rückständig, anachronistisch, geradezu archaisch in all ihrer Verballhornung anmuten musste. In den Ohren der akkulturierten Elite der Wiener Juden, die sich mit Leib und Seele der deutschen Hochsprache, diesem bildungsbürgerlichen Idiom, verschrieben hatten, der sie in ihren literarischen Salons huldigten und die sie zu stilistischer Vervollkommnung weiterzuentwickeln trachteten, musste der mittelalterliche Umgangston fremd und bedrohlich klingen, eine unwillkommene Erinnerung an die Herkunft der Ahnen, die sie doch hinter sich gelassen wähnten.

Menschen, die Jiddisch sprachen, wussten nichts und wollten zumeist auch gar nichts wissen von den Segnungen der westlichen Zivilisation. Sie verharrten störrisch in überkommenen Gebräuchen, sie weigerten sich, die moderne Welt als die ihre anzunehmen. Jiddisch drückte einen beengten Geisteshorizont aus, eine rückwärtsgewandte Religiosität, die sich aus alten Mythen und Legenden speiste.

Dennoch übte diese Sprache aus dem Gestern vor allem auf junge Juden eine merkwürdige Faszination aus, die eine romantische Sehnsucht nach Ursprünglichkeit befeuerte. Dort, wo die Generation ihrer Eltern, teils vergeblich, teils äußerst erfolgreich, Anschluss an die gesellschaftlichen Eliten und Aufnahme in den sozialen Kanon der Stadt gesucht hatte, empfanden sie ideelle Leere. Sie fühlten sich gestrandet in einem Niemandsland zwischen Gestern und Morgen, zwischen der verlorenen Welt ihrer Vorfahren und der utopischen Hoffnung, Wurzeln zu schlagen in einer neuen Heimat. Plötzlich bekam Jiddisch eine verführerischen Ton. Er klang nach Nestwärme, barg eine eigenständige Identität. Die Sprache war das Erbe ihrer einzigartigen Kultur, erzählte von einem selbstbewussten jüdischen Patriotismus. Für diese jüdischen Blumenkinder erweckte es eine Welt zum Leben, die zugleich nostalgisch und utopisch war.

Portrait Martin Buber (1878–1965). 1928. Photographie von Lotte Jacobi

Bereits kurz nach der Jahrhundertwende veranstaltete der Schriftsteller Nathan Birnbaum „jiddische Abende" in Wien, an denen jiddischsprachige Originalwerke rezitiert wurden. Nach seiner zionistischen Phase hatte sich der einstige Gefolgsmann Theodor Herzls von dem unermüdlichen Kämpfer für einen Judenstaat abgewandt. Nun schien ihm nationale Autonomie der falsche Weg zu sein, den Juden zu einem selbstbestimmten Platz in der Welt zu verhelfen. Vielmehr entwickelte er das Konzept eines Diaspora-Nationalismus; in dieser kulturellen Heimat sollte die jiddische Sprache als identitätsstiftendes Bindeglied dienen. Eine neue Weltanschauung, avantgardistisch und sektiererisch wie so vieles in diesen Tagen, betrat die Bühne: der Jiddischismus. Jiddisch sollte nicht länger lediglich eine volkstümliche Umgangssprache sein, sondern jenes Idiom, in dem sich eine kulturelle Elite ausdrückt. Darin lag das alte deutsche Erbe, das Ideal der Weimarer Klassik, dieser jüdischen Erweckungsbewegung: Kultur wiegt schwerer als Nation. 1905 gründete Birnbaum, der Wanderprediger, in Wien mit dem Verein „Jüdische Kultur" den ersten jiddischistischen Studentenverein und sammelte eine begeisterte Anhängerschaft um sich. In diesen Birnbaum-Kreisen, so berichtet der jiddische Dichter Melech Rawitsch, geboren 1893 im ostgalizischen Radymno, der damals als Bankangestellter in Wien lebte, „spricht man demonstrativ jiddisch – sogar wenn es mehr Deutsch als Jiddisch ist. Birnbaum selbst verfällt beim Sprechen ununterbrochen vom Jiddischen ins reinste Deutsch. Die Zugehörigkeit zu einem Birnbaumkreis gibt die moralische Berechtigung, kein Zionist zu sein. Du bist sowohl koscher als auch im Recht. Und es verpflichtet zu so wenig. Andere haben einen Gewissenskonflikt, müssen Pioniere und Wächter in Erez Israel werden und du kannst ruhig studieren und eine Karriere vorbereiten."

Der 1903 in Nowy Sazc, Galizien, geborene Dichter Mendel Neugröschel (jiddisch: Mendl Naygreshl) spottete über die linguistischen Konvertiten: *„dajtsch-redndike sstudentn hobn ongehojbn zu singen jidische folksslieder ... durch dem is jidisch, farschtejt sich, nischt geworn sejer muter-schprach, ober sei is winziksstnss geworn sejer sing-schprach."*[1]

Die Welle von Zuwanderern aus dem Osten der Monarchie während und unmittelbar nach dem Ersten Weltkrieg spülte aber auch ein beträchtliche Gruppe von Entwurzelten nach Wien, für die Jiddisch schlicht die Muttersprache darstellte. In der neuen Umgebung entfremdeten sie sich den althergebrachten Sitten ihrer Väter, ohne jedoch ihre Sprachheimat verlassen zu wollen. Sie begründeten eine neue jiddische Großstadtliteratur, die heute weitgehend in Vergessenheit geraten ist. *„Woos is ojbn noch got un gewalt un gesetz", dichtet etwa Neugröschel, „is do schmejchl fun schpot un a hilzerner gez"*.[2] In ihrem poetisch-utopischen Universum versuchten die Dichter die Erfahrungen zweier Welten miteinander zu vereinen. „Jiddisch nimmt einen Aufschwung", erinnerte sich Melech Rawitsch in seinem Exil in Montreal an die

[1] „Deutsch sprechende Studenten begannen jiddische Volkslieder zu singen ... Dadurch wurde Jiddisch selbstverständlich nicht ihre Muttersprache, jedoch ist sie wenigstens ihre Singsprache geworden."
[2] „Und was droben noch Gott ist, Gewalt und Gesetz, / gilt hier bloß als ein Scherz und als hölzerner Götze."

Hans Tietze (1880–1954). Um 1935. Photographie von Atelier Brühlmeyer

Wiener „Zeit voller Illusionen, Phantasien, Träume": „Die erniedrigte Sprache, an der man sich festhält wie an einem leuchtenden Stern, wird tatsächlich ein leuchtender Stern. Inzwischen ist auch die Ansiedlung in Wien nicht mehr zu leugnen. Wien ist die Brücke zwischen Ost und West, zwischen Amerika und Russland-Polen."

Im glühenden Geistesklima der Wiener Jahrhundertwende-Gesellschaft wuchs vor allem unter jungen, intellektuellen Juden die Verunsicherung, welcher Denkschule sie sich zugehörig fühlen sollten. Die Gottesfurcht ihrer Ahnen hatten sie verloren, die weltliche Ersatzreligion der klassischen Kultur, der sich ihre Väter verschrieben hatten, empfanden sie zunehmend als schales Daseinsdekor, das in den überladenen Salons der Bourgeoisie angehäuft wurde. Der politische Zionismus, der langsam immer neue Anhänger gewann, erschien ihnen als feuerköpfiger Fanatismus nationalistischer Träumer. Sie suchten nach einem Lebensgefühl, das sie auszufüllen vermochte. Einer wie die verwirrte Prophetenseele Otto Weininger mochte in dieser Sinnkrise verzweifeln und als letzten Ausweg pathetisch seinen Selbstmord inszenieren, nachdem er in einem wahnwitzigen Traktat mit sich und der Welt abgerechnet hatte. Andere warfen sich merkwürdigen Weltanschauungen in die Arme und verloren sich in ihnen.

In dieser Situation befand sich auch der junge Philosophiestudent Martin Buber, geboren 1878, der nach der Scheidung seiner Eltern bei seinem Großvater Salomon in Lemberg aufgewachsen war, einem bedeutenden Privatgelehrten, in dessen Haus sowohl traditionelle Religiosität als auch aufgeklärter Geist herrschten. Zurück in Wien versuchte sich der Heimkehrer glücklos mit Gedichten im impressionistischen Stil der Besinnungslyrik, der in der Metropole gerade dominierte. „Bald nahm mich der Wirbel des Zeitalters hin", erinnerte er sich später: „Bis zu meinem zwanzigsten Jahr war mein Geist in stetiger und vielfältiger Bewegung, in einem von mannigfachen Einflüssen bestimmten, immer neue Gestalt annehmenden Wechsel von Spannungen und Lösungen, aber ohne Zentrum und ohne wachsende Substanz: es war wahrhaftig der *Olam ha-Tohu*, die Welt des Wirrsals, worin ich lebte – in beweglicher Fülle des Geistes, aber ohne Judentum, so auch ohne Menschlichkeit und ohne Gegenwart des Göttlichen."

Kurz träumte auch er den zionistischen Traum von Altneuland, doch am Konzept der Landnahme vermisste er die Tiefe einer Tradition, die sich über die Generationen immer mehr vergeistigt hatte. Der Zionismus war für ihn eine seelenlose Idee, der er Schritt um Schritt seinen Kulturzionismus entgegenstellte, der zu einer inneren Erneuerung des Judentums, zu einer „jüdischen Renaissance" führen sollte. Nicht die religiösen Rituale könnten dazu führen, nicht strenge Gesetzestreue, sondern allein die Reinheit und Güte des Herzens, aus der alle Weisheit entspringe. Und niemand verkörperte für ihn diese Tugenden stärker als die Chassidim (die Frommen), jene wundersamen Mystiker in ihren anachronistischen Trachten, die weit weg in den exotischen Gefilden des Ostjudentums lebten.

Sie verkörperten für Buber ein identitätsstiftendes Modell. Er befreite es von Ritus und halachischer Unterwerfung und destillierte aus dieser idealistischen Vorstellung eines „authentischen Judentums" ein philosophisches Konzept, das er in späteren Jahren „Hebräischen Humanismus" nannte. Dabei geht es um nichts Geringeres als die „Wiedergeburt des Judenvolkes" aus dem Geist der Vorväter, welche „nur ein Teilstrom ist in der neuen Menschheits-Renaissance", wie er messianisch postulierte. Am jüdischen Wesen, dachte dieser utopische Träumer aus Wien, könne eines Tages die Welt genesen.

Zur Veranschaulichung seines jüdischen Ideals begann er die alten Geschichten zu sammeln, in denen die schlichte Weisheit und Gelehrsamkeit der chassidischen Rabbiner verherrlicht wird: jene des Rabbi Israel ben Elieser aus dem ukrainischen Miedzybor, des legendären Baal Schem Tow („Meister des guten Namens") aus dem 16. Jahrhundert, jene von dessen Urenkel Nachmann von Bratslav oder des Großen Maggid („Erzähler") Rabbi Dow Bär von Mesritsch. Alle diese Namen und Orte hatten einen märchenhaften Klang, und Bubers Nacherzählung der alten Geschichtensammlungen erinnern in Ton und fantastischer Ausschmückung weit mehr an die romantische Welt der deutschen Märchen als an die einfache chassidische Erzähltradition. Er konstruierte für sein westeuropäisches Publikum aus alten und geheimnisvollen Formeln eine neue, jüdische Wunderwelt.

Der spirituelle Eskapismus versagte nicht seine Wirkung auf die jüdischen Sinnsucher. „Alle tranken wie verdürstet seine so inhaltsvollen Worte", berichtete ein Besucher der Veranstaltungen des Hochschulvereins Bar Kochba, in denen Buber die Welt der klugen Wunderrebben heraufbeschwor: „Einige Male hob er die Stimme und dann war es als ginge ein elektronischer Strom durch seine zionistischen Zuhörer." Zion, Altneuland, die Heimat der Heimatlosen, verkündete Buber seiner Generation, die liege in jeder jüdischen Seele.

Aus der romantischen Verklärung und Idealisierung des Ostjudentums entwickelte sich bald ein regelrechter Kult. „Es ist nicht übertrieben, wenn ich sage, daß es damals bei den Zionisten geradezu so etwas wie einen Kult alles Ostjüdischen gab", schrieb der Berliner Kulturphilosoph Gershom Scholem in seinen Lebenserinnerungen: „Wir alle hatten die ersten Bücher Martin Bubers über den Chassidismus gelesen. In jedem Juden aus Russland, Polen, Galizien, der uns begegnete, sahen wir etwas wie eine Inkarnation des Baalschem und jedenfalls des unverstellten und faszinierenden jüdischen Wesens."

Der „Mangel an Gebundenheit, der Mangel an metaphysischer Befähigung“, den Jakob Wassermann noch drei Jahrzehnte zuvor an den Juden von Wien kritisiert hatte, war in die entgegengesetzte Richtung gependelt. Martin Bubers Gedankenbau einer jüdischen Neuorientierung, den er auf den Grundpfeilern deutscher Philosophie und jüdischer Mystik errichtet hatte, sei, so behauptet der Kunsthistoriker Hans Tietze in seiner kulturgeschichtlichen Studie über *Die Juden Wiens*, „die letzte Schöpfung“ gewesen, „die dem Wiener Judentum aus der Besonderheit seiner Stellung geglückt ist“.

Diese Besonderheit sah Tietze, geboren 1880 in Prag geboren und gestorben 1954 in New York, wohin ihn sein Exil verschlagen hatte, in einem Wiener Leitmotiv begründet, der Brückenfunktion zwischen Ost und West, welche die Stadt traditionell einnimmt: „Die Besonderheit des Wiener Judentums ist, daß es längst untergegangen wäre, wenn es der Osten nicht gehalten, daß es längst verkümmert wäre, wenn es der Westen nicht befruchtet hätte.“

Als Hans Tietze, vermutlich der bedeutendste Vertreter der Wiener kunsthistorischen Schule, dem als Hofrat im Unterrichtsministerium nach 1919 die Neuordnung der staatlichen Museen anvertraut worden war, 1931 seine monumentale Studie *Wien: Kunst, Kultur, Geschichte* nahezu abgeschlossen hatte, wurde ihm bewusst, dass die „so bedeutende und problematische Rolle“, die Juden im „Dasein der Stadt“ eingenommen hatten, nach einer eigenständigen Darstellung verlangte. Es habe sich nicht nur um die individuellen Beiträge einzelner Persönlichkeiten gehandelt, die zufälligerweise Juden waren, sondern um ein historisch-soziologisches Phänomen.

Die Juden Wiens, so schloss Tietze, hätten in ihrer Gesamtheit mehr Anteil am Wesen der Stadt, als selbst ihre – damals beeindruckende – Summe nahelegen würde. „Völker leben gegeneinander, füreinander, ineinander. Das Wiener Judentum ist vom Überfluß der schönsten und kulturell reichsten deutschen Stadt gewachsen; es hat hier die größte Fruchtbarkeit entwickelt, die irgend einem westlichen Judentum beschieden war. Es hat genommen und gegeben, zersetzt und geformt; es hat gelebt und leben geholfen, so daß es ein Teil von Wiens Vergangenheit und damit von Wiens Gegenwart geworden ist. Ohne Juden wäre Wien nicht, was es ist, wie ohne Wien ihr Dasein in den neueren Jahrhunderten seiner stolzesten Seite verlustig ginge. Kein Eingriff der Welt vermag diesen Lebensprozeß rückgängig zu machen.“

Viele waren von jenem ethischen Imperativ getragen, den Tietze aus dem „jüdischen Dilemma“ zwischen Ost und West, zwischen Beharrung und Verleugnung ableitete: „Die individuelle Verpflichtung, das Schwere dieses Schicksals in jedem persönlichen Tun fruchtbar zu machen: im sittlichen Handeln der Gesetze der Menschlichkeit um so bewußter zu bleiben, im künstlerischen Schaffen größere Tiefe und Weite daraus zu gewinnen, in der wissenschaftlichen Arbeit der Erkenntnis der Wahrheit um so unbedingter zu folgen.“ In diesen drei Geboten sah Tietze die „jüdische Mission“ im Wien jener Epoche begründet.

Am Vorabend der europäischen Katastrophe kam der bedächtige Kulturhistoriker zu einem ahnungsvollen und beklemmenden Resümee: „Wiener Judentum, das von den ältesten Zeiten der Stadt in irgend einem Maß da war und seit hundert Jahren an Menge und Einfluß zu einem beträchtlichen Faktor in ihrem Dasein wuchs, ist ein Stück von Wien. Ob dieses Hineingeratensein der Wiener Juden in den elementaren Lebensprozeß eines ihnen fremden, sie als fremd fühlenden größeren Volksganzen sie, gleich ihren Brüdern im Deutschen Reich, in den Abgrund reißen wird, ist die bange Sorge dieser Stunde.“

Als diese Sätze erschienen, hatte Adolf Hitler in Berlin gerade mit seiner Partei die Macht ergriffen. Die Ungewissheit dieser „bangen Sorge“ sollte in Wien nur mehr einige kurze Jahre währen.

4. Kapitel
LABOR OSTMARK

Keine Messe wird man singen,
Keinen Kadosch wird man sagen,
Nichts gesagt und nichts gesungen
Wird an meinen Sterbetagen.
Heinrich Heine: *Gedächtnisfeier*

Zeit seines Lebens war er, der Heimatlose, nicht von so viel Fremde umgeben. Gleich am Eingang des Cimetière de Thiais, jenes Friedhofs im Süden von Paris, auf dem Joseph Roth im Mai 1939 seine letzte Ruhestätte, sein Grab im Exil fand, gleich am Eingang dieses Gottesackers ragt ein Meer von grauweißen, verwitterten Betonkreuzen aus dem Rasen. Herbstlaub, feuchtes Gras. Es ist vielleicht ein ganzes serbisches Regiment, das in den blutigen Tagen des Ersten Weltkrieges auf den Kraterfeldern an der Marne aufgerieben worden war und nun hier, fern der Heimat, begraben liegt.

Da erinnert ein schmuckloses Grabkreuz aus französischer Serienproduktion an Oberst Vladimir Rajkovic, der irgendwann in den mörderischen Jahren zwischen 1914 und 1918 „für das Vaterland gestorben“ sei. Daneben liegt Leutnant Milic Stojkovic. Für die unteren Chargen, Milan Mirkovic, Danilo Djordevic oder Milovan Ovalovic sind keine Dienstgrade angeführt, mitunter fehlt der Vorname, manchmal sogar jeder Name. Soldatenleben, die sich im Nebel der Vergangenheit verloren haben. Vereint im Soldatentod und in fremder Erde vergraben. Größere, übermächtige Kräfte hatten das so bestimmt, sie konnten es nicht verhindern. Nicht nur sie.

Gleich neben der grauen Granitplatte, unter der auf dem Friedhof von Thiais die Überreste von Joseph Roth zur letzten Ruhe gebettet wurden, schimmert eine rote Marmortafel; sie erinnert an die russische Emigrantenfamilie Fabrikant: Wladimir, Alexandra, Ilya und Elena. Forscht man nach der Biographie von Wladimir Fabri-

Oben: Grab von Joseph Roth am Pariser Cimetière de Thiais. Um 2008. Photographie
Unten: Grabstätte der Familie Fabrikant am Pariser Cimetière de Thiais. Um 2008. Photographie

Oben: Grab von Paul Celan am Pariser Cimetière de Thiais. Um 2008. Photographie
Unten: Stefan Zweig (li.) und Joseph Roth in Ostende, Belgien. 1936. Photographie

kant, kann man entdecken, dass er einmal bei einem kurzen Dokumentarfilm Regie geführt hat.

Unweit liegen ein spanischer Aristokrat und eine italienische Primaballerina begraben, ein polnischer Offizier und auch ein Mann, der einmal ein Maître Boucher in Paris war. Es gibt einige jüdische Abteilungen auf dem 103 Hektar großen Friedhof von Thiais, solche, auf denen sich chinesische Monumente aneinanderdrängen, andere, die hauptsächlich mit Gräbern für Tote aus Annam, Cochinchina und Tonkin belegt sind. Der Dichter Paul Celan, der noch Paul Antschel hieß, als er in Czernowitz geboren wurde, liegt hier; ebenso Zog I., der einmal für ein paar Jahre König in Albanien war, oder der republikanische Spanienkämpfer Francisco Boix, ein Katalane, der das Konzentrationslager Mauthausen überlebt hat und als Zeuge im Nürnberger Kriegsverbrecherprozess aufgerufen wurde, um Fotos aus der Erkennungsdatei der SS zu erläutern. Auch Lew Lwowitsch Sedow fand in Thiais seine letzte Ruhestätte. Er war der älteste Sohn von Leon Trotzki, Autor eines Rotbuchs über die Moskauer Schauprozesse, der, seinem Vater folgend, vor den Schergen Stalins über Alma Ata, die türkische Insel Prinkipo und Berlin nach Paris geflohen war. Ob sowjetische Geheimdienstagenten ihre Hände im Spiel hatten, als er 1938 nach einer erfolgreich verlaufenen Blinddarmoperation überraschend verschied, ist nie geklärt worden.

Der Cimetière de Thiais ist ein Friedhof der Entwurzelten, ein letzter Ort, auf dem die unterschiedlichsten Lebensschicksale aus aller Welt aufeinander treffen. Viele hat die Urkatastrophe des 20. Jahrhunderts aus ihrem Lebensweg geschleudert, das große Völkerschlachten auf flandrischen Feldern, im Morast an den Flussläufen von Marne und Somme, in den Kratern von Verdun und den eisigen Weiten von Polen und Galizien, auf den schneeverwehten Karpatenpässen, in den unwegsamen Schluchten des Balkan, auf himmelhohen Dolomitengipfeln und auf dem schroffen Kalksteinplateau am Isonzo.

Im November 1918, als Armeen verblutet, Landstriche verwüstet und alle Vorräte aufgebraucht waren, wurden Reiche zertrümmert, Dynastien gestürzt, die Ideen des alten Europa über den Haufen geworfen. Der ganze Kontinent, Sieger wie Besiegte, befand sich in Aufruhr. Ein neuer militanter Geist hatte von den vielen neuen Staaten, Nationen und Territorien, die aus dem Zusammenprall der alten Großmächte, die es in dieser Form nun nicht mehr gab, hervorgegangen waren, Besitz ergriffen. Keine Grenze war gewiss. Überall herrschten Entbehrung, Hunger und der nackte Kampf ums Überleben. Ein Ruinenkontinent, auf dem zwar nicht, wie keine 30 Jahre später, die Städte in Trümmern lagen, doch die Menschen, die ihn bevölkerten, in eine grenzenlose Ungewissheit gerissen worden waren.

Auf dem Friedhof von Thiais, dem riesigen und wenig besuchten Gräberfeld, auf dem der traurige und romantische Schwärmer Joseph Roth bestattet liegt, ist sie zu besichtigen. Auch Roth, der lebenslange Ostjude aus der galizischen Grenzstadt Brody, war an den Folgen des

November 1918 zu Grunde gegangen. Es gab das galizische Brody nicht mehr, es gab das Reich nicht mehr, dem es angehört hatte, es gab die großväterliche Identifikationsfigur des von Gottes Gnaden auserwählten Monarchen nicht mehr, es gab das schlampige und arrogante Herrschaftssystem der imperialen Eliten nicht mehr, es gab den ganzen Pomp der uralten Tradition von Machtentfaltung und Selbstinszenierung nicht mehr. Es gab nur noch den Soldaten wider Willen Joseph Roth, das verlorengegangene Kind einer untergegangenen Zeit. Und es gab die Wehmut darüber, was er alles verloren hatte. Das machte einen Dichter aus ihm, einen, den die Vergangenheit nicht mehr aus ihrer Gewalt entlassen wollte. Der kleine Mann aus dem ostjüdischen Städtchen war aus der Welt und aus der Zeit gefallen.

Schon früh hatte sich der Sohn einer frommen Mutter, der seinen Vater nie zu Gesicht bekommen hatte, weil dieser am Hof irgendeines chassidischen Wunderrebben verschollen war, wie so viele seiner Herkunft und Generation auf die Wanderschaft aus seiner engen und fest gefügten Heimat begeben und war voller Hoffnungen in das Zentrum der alten Donaumonarchie gezogen. „Viele werden reich. Viele werden bedeutend. Viele werden schöpferisch in fremder Kultur. Viele verlieren sich und die Welt“, schrieb er bereits einige Jahre, bevor er im Pariser Exil gestrandet war, über seinesgleichen. „Die Ostjuden haben nirgends eine Heimat, aber Gräber auf jedem Friedhof.“

Joseph Roth im Pariser Café Tournon. Um 1937. Photographie

Wie hätte er damals ahnen können, dass auch dies bald nicht mehr stimmen sollte. Sein Grab deckt grauer Granit. Stein ist das Material der Gräber. Stein legt Zeugnis ab und lehrt die Botschaft des Todes. Stein ist also auch jenes Material, mit dem die Menschheit ihre Demut gegenüber dem Leben und den Lebenden bekennt. Deshalb werden auch immer noch die Grabsteine der Toten geschändet, wenn man die Lebenden meint. Aus Steinen, diesen Todeszeugen, wird Geschichte aufgetürmt. Für das monströse Kapitel, das erst folgen sollte, für die Katastrophe, die Joseph Roth in nüchternen wie in schwer betrunkenen Stunden heraufziehen sah und gegen die er mit all seiner verzweifelten Ohnmacht ankämpfen wollte, gibt es keinen Grabstein mehr, keinen Schlussstein. Da war ein Leichnam nur das Abfallprodukt einer Lebensvernichtungsmaschinerie, und was übrig blieb nach dem Sterben, das schwebte durch

Umschlag zu Joseph Roth: *Radetzkymarsch*. Gustav Kiepenheuer: Berlin 1932

die Schlote der Krematorien zum Himmel, löste sich in der Luft, und an manchen Tagen fiel es als Aschenregen auf die Erde zurück. Kein Stein wäre schwer und groß und wuchtig genug, den Rauch der Millionen Toten unter sich zu begraben.

Für Roth stand außer Zweifel, eine Epoche müsse ein würdiges Begräbnis erhalten, um sie in Ehren zu halten, und ein Monument, das an sie gemahnt. Das hat Joseph Roth getan, bis zu seinem letzten Atemzug im Delirium tremens hinter einer Milchglaswand im Hôpital Necker.

Für das zertrümmerte Imperium der Habsburger mögen in den Monaten und Jahren, nachdem es verschieden war, keine Messen gelesen worden sein, und die Nachrufe, die ihm gehalten wurden, erzählten vom Schmach der kaiserlichen Militärregierung und dem Elend, in das sie Land und Leute gestürzt hatte. Aber einer hat dem dahingeschiedenen Imperium den Kaddisch gesagt und nicht mehr aufgehört damit. Niemand hat so voll der Hingabe und der naiven Gläubigkeit getrauert wie des Kaisers einzig getreuer Musketier, der kleine Kadetten-Anwärter aus Brody.

Von Joseph Roth stammt das monumentale Epitaph für den Doppeladler, eine verklärende, eine träumerische Grabinschrift in zahllosen Kapiteln, die weder das Reich noch sein Herrscherhaus je verdient hatten, geschweige denn, dass sie ihm jemals gerecht geworden wären. Es ist eine gewaltige Märchengeschichte, die sich ein Liebender ausgedacht hatte, weil er die Wirklichkeit ohne sie nicht hätte ertragen können. Sie besitzt derart suggestive Kraft, dass sie bis heute das größenwahnsinnige Treiben der Verantwortlichen in Wien, der Hauptverantwortlichen an dem Blutbad des Ersten Weltkrieges in das milde Licht einer historischen Abenddämmerung taucht. Es ist das Bild eines berauschenden und betörenden Sonnenuntergangs, das Roth in Tagen und Nächten malte, erfüllt von jener sinnlichen Traurigkeit, die in ihrer Altersweisheit darum weiß, dass sich die ewigen Naturgesetze nicht aufhalten lassen. Auch der letzte Lichtstrahl muss verlöschen. Eine Epoche geht unter, weil es ein Weltenlenker in seiner Allmacht so beschlossen hat.

Der entwurzelte Dichter wollte sich nicht eingestehen, dass hier ein aristokratischer und militaristischer Klüngel aus Jux und Tollerei und imperialer Hybris in den Selbstmord flaniert war, als sei's ein galanter Frühlingsspaziergang, und dabei ein ganzes Zeitalter mit sich riss. In seiner Verzweiflung, die eine existenzielle war, musste Joseph Roth, um sich zu retten, auch die Welt, der er entstammte, vor Schimpf und Schande retten und für die Nachwelt ein Luftschloss von Schönbrunn aufrichten. Als bekennender Monarchist und Legitimist fand sich darin auch für ihn eine kleine Kammer im Dienstbotentrakt. Und wenn irgendwo die bösen Tatsachen einzudringen drohten, dichtete er die Ritzen mit einem neuen Traummärchen ab, das auf wundersame Art rührselig war, auch sentimental, aber nie kitschig. So hat er die Dynastie und ihre Handlanger davor bewahrt, schon rasch auf dem Schindanger der Geschichte zu landen, dort, wo sie hingehörten.

Als der traurige Dichter am Morgen des 30. Januar 1933 in Berlin für eine lange geplante Reise in den Schnellzug nach Paris stieg, wusste er nicht, dass die Stunde seines Exils geschlagen hatte. Er sorgte sich vor allem darum, ob die französische Übersetzung seines neuen Romans seinem großen Thema entsprechen werde. In *Radetzkymarsch* hatte er Abschied genommen von seiner Seelenheimat, der untergegangenen Habsburgermonarchie, so wie ein müder Soldat seine Uniform zur Aufbewahrung in den Kleiderschrank hängt, damit die Angehörigen, wenn später einmal der Tag seines Begräbnisses gekommen ist, das Ehrenkleid auf den ersten Griff zur Hand haben. Keines seiner bisherigen Bücher war dem erfolgreichen Schriftsteller ähnlich wichtig gewesen, nie hatte er verbissener und verzweifelter an einem Manuskript gearbeitet.

Als Joseph Roth am nächsten Tag, am 31. Januar 1933, am Gare de l'Est eintraf, erfuhr er die alarmierende Neuigkeit: In dem Land, das er soeben verlassen hatte, waren nach seiner Abreise die Nazis an die Macht gelangt. „Und jetzt, vorwärts mit Gott!", hatte der greise Reichspräsident Hindenburg, der ein grausamer Soldatenvater gewesen war, ausgerufen, nachdem er Hitler zum Reichskanzler ernannt hatte. Stundenlang waren in der Nacht die Kolonnen der SA mit Fackeln durch das Brandenburger Tor marschiert. Nun befand sich Roth im Exil.

Da machte sich der kaisertreue Literat neuerlich einrückend. Noch auf dem Perron zog er wieder seinen alten Waffenrock an. Bis zu seinem letzten Atemzug sollte er ihn nicht mehr ablegen. Wenige Jahre später, nach dem deutschen Einmarsch im kleinen Österreich, beförderte er sich sogar zum Leutnant, eine Inkarnation des allerletzten Trotta, der jetzt, da ihn sein Kaiser rief, auferstanden war aus der blutgetränkten Erde und sich einreihte in eine Geisterarmee. „Er ist nie Offizier geworden in der österreichischen Armee. Aber er war ein schreibender Soldat", erinnerte sich sein Kollege Soma Morgenstern, der in den letzten Jahren zu seinem engsten Gefährten in der Tristesse der Pariser Emigration wurde.

Klarsichtiger als viele hegte der zum Kampf entschlossene Joseph Roth jedoch keinerlei Siegeszuversicht. „Ich gebe keinen Heller mehr für unser Leben", schrieb er schon in den ersten Tagen der Emigration an den befreundeten Stefan Zweig: „Machen Sie sich keine Illusionen. Die Hölle regiert." Und wenige Wochen später, wieder in einem Brief an Zweig: „Aber es ist ganz finster – in der Welt und auch für uns Individuen. Wir haben Alle die Welt überschätzt: selbst ich der ich zum absoluten Pessimistischen neige."

Gestrandet in Paris war Joseph Roth endgültig entwurzelt. Nach Wien, wo das junge Talent einst seine Karriere begonnen hatte, wollte und konnte er nicht zurückkehren. In der einstigen Kaiserstadt wurde seine Frau Friedl seit Jahren in einer Nervenheilanstalt behandelt (sie fiel 1940 der NS-Euthanasie zum Opfer), und ihre Familie hätte wohl kaum akzeptiert, dass ihr Schwiegersohn mit seiner exotischen Berliner Lebensgefährtin Andrea Manga Bell aufgekreuzt wäre, der Tochter eines farbigen kubanischen Musikers und einer Friesin, die obendrein weiterhin mit einem Fürstensohn aus der ehemals deutschen Kolonie Kamerun, dem Vater ihrer beiden Kinder, verheiratet war.

Die Seine-Metropole war, da Berlin nicht mehr in Frage kam, wahrscheinlich der einzige Ort, an dem sich diese jüdisch-karibisch-afrikanische Patchworkfamilie niederlassen konnte. Zudem war Paris die Frontstadt, in der sich die europäische Intelligenz zum Kampf gegen die braune Pest versammelte. Zu seinem Hauptquartier wählte Roth das altersschwache Hotel Foyot unweit des Jardin de Luxembourg und das gegenüberliegende Café Tournon, das von einer jungen Südfranzösin geführt wurde. Germaine Alazard war sein Schutzengel. Sie entschied, wann er genug Absinth, Pastis oder Cognac in sich hineingeleert hatte, sie verwahrte die Manuskripte, die er an seinem Ecktisch in akkurater, gestochener Schrift abgefasst hatte, hinter ihrer Registrierkasse bis zum nächsten Tag. Roth schrieb fast ausschließlich im Café: Kampfbotschaften, Artikel für die Emigrantenpresse, melancholische Reminiszenzen, Essays, ganze Romane. Da konnten Diskussionsrunden um ihn lärmen, er füllte ein Blatt Papier nach dem anderen, das dann von seinen wechselnden Gefährtinnen abgetippt wurde.

Einer der Besucher am Fenstertisch des Café Tournon, an dem Roth stets Hof hielt, war der heute nahezu vergessene Dichter Pierre Morhange. In einem Gedicht *(à Joseph Roth In Memoriam)* beschrieb er viele Jahre später die eigentümliche Schwermut, die den Dichter umhüllte: „Ich habe Joseph Roth im Café gesehen. Er

Joseph Roth mit seiner Cousine Paula Gruebel in Warschau. 1928. Photographie

Oben: Bundeskanzler Kurt Schuschnigg schreitet beim Besuch eines Sommerlagers der rechtszionistischen Jugendorganisation Betar gemeinsam mit Otto Seidmann eine Paradeformation ab. 1937. Photographie
Unten: Werbe-Banner für die von Bundeskanzler Kurt Schuschnigg für 13. März 1938 geplante, am 11. März unter deutschem Druck abgesagte Volksabstimmung zur Unabhängigkeit Österreichs vor dem Platz Am Hof. 10. März 1938. Photographie

trank einen Whisky, dann eine *Oxygénée*. Eine *Oxygénée*? Was ist das für ein Getränk? Man wird mutig, wenn man es getrunken hat ... Als ich ihn verließ, sah ich in seinen blauen Augen die tiefe Traurigkeit der österreichischen Seele, die Traurigkeit über die Not der Menschen, eine Traurigkeit, die mich um Verzeihung bat und die mich bat, dazubleiben."[1]

Niemand wusste so genau, woran er mit dem kleinen, vom Alkohol aufgedunsenen Mann war. Er gab sich katholisch und aristokratisch. Anderntags sprach er auf kommunistischen Versammlungen. Er konnte Snob sein und ein zorniges Kind. Er war großzügig und zugleich in Existenznöten. Er war melancholisch, aber niemals sentimental. Er, der wohl nie einen Schützengraben gesehen hatte, schrieb dem Nazi-Statthalter von Wien einen offenen Brief, den er als „kaiserlich-königlicher Leutnant" unterzeichnete. Kam aber ein Besucher aus dem Land seiner Väter, dem Land der Ostjuden, so unterhielt er sich in der längst nicht mehr vertrauten jiddischen Muttersprache und der Burgunder floss bis spät in die Nacht. Mal stimmte er den Marsch des Hoch- und Deutschmeister-Regiments an, mal trällerte er ein jiddisches Liedchen: „Oy,oy,oy / Schicker is der Goy".

Joseph Roth starb, keine 45 Jahre alt, 1939, noch bevor das große Morden anhob. Die Beisetzung am Friedhof von Thiais zelebrierte der aus dem Judentum konvertierte Priester John Oesterreicher. Das empörte die Ostjuden in der Trauergemeinde. Jetzt würde niemand mehr den Kaddisch, ihr Trauergebet, sagen können am Grab ihres Bruders. Als Graf Trautmannsdorff als Abgesandter des Thronprätendenten Otto Habsburg einen Kranz niederlegte, protestierten die Kommunisten, die der Reporter Egon Erwin Kisch mitgebracht hatte zum Abschied von dem Dichter, der in jüngeren Jahren seine Artikel im *Vorwärts* mit „Der rote Joseph" zeichnete.

In Wien hingegen, woher die meisten kamen, die den toten Dichter auf seinem letzten Weg geleiteten, war nun neuerlich eine neue Zeit angebrochen. Es sei, hieß es, eine Zeit aus Heil und Sieg und großem Saubermachen. Die Zerstörung konnte beginnen. Sie verbrannten die Sprache. Sie löschten die Gedanken aus. Sie töteten die Gefühle. Sie vertrieben die Unerwünschten. Sie erhängten und erschossen die Gegner. Sie vergasten die Menschen. Ins mordende Leben trieben sie Wien, in dem die willfährige Meute folgsam blökte. Kaum hatte die Nachricht vom Rücktritt Kanzler Schuschniggs am Abend des 11. März 1938 die Runde gemacht, ergoss sich der antisemitische Mob in allen Städten und Dörfern über die Straßen. Noch ehe kurz vor dem Anbruch des nächsten Tages die ersten Sendboten aus dem Hitler-Reich eingetroffen waren, streiften sich die österreichischen Sicherheitsbeamten Hakenkreuzbinden über ihre Uniformen. Große Teile der Behörden waren längst von den bis dahin illegalen Nazi-Kadern unterwandert.

Es sollte Wochen dauern, bis die neuen Machthaber die Tumulte halbwegs unter ihre Kontrolle brachten. Erst dann konnten sie dazu übergehen, eine neue Phase im antisemitischen Staatsterror einzuleiten. In ihrem Labor Ostmark setzten sie erstmals die systematische Ausplün-

derung und Vertreibung der jüdischen Bevölkerung in die Tat um, einen bürokratisch durchorganisierten Kraftakt, der bis dahin in Deutschland nicht möglich war. Das Modell Wien sollte in den folgenden Jahren im gesamten NS-Machtbereich beispielgebend sein.

Vorerst hinderte aber niemand den braunen Pöbel daran, ganz spontan seiner Gesinnung freien Lauf zu lassen. Zu hunderten wurden Juden willkürlich aufgegriffen und gezwungen, mit scharfer Lauge und Zahnbürsten die Parolen des hinweggefegten austrofaschistischen Regimes vom Straßenpflaster zu schrubben oder Plakate mit bloßen Fingernägeln von Hausfassaden zu kratzen. Fotos dieser sogenannten „Reibepartien“ zeigen verängstigte Menschenbündel, oft alte Männer und auch Frauen, um die sich eine johlende Menge drängt. „Wir danken dem Führer, er hat den Juden Arbeit geschenkt“, höhnte das Wiener Volksempfinden.

„Ist Ihnen bekannt“, so fragte ein anonymer Brief bei der Wiener Gauleitung an, „dass bei diesen Arbeiten dem zusehenden Publikum noch besondere Belustigungen geboten wurden, indem nämlich die Befehlshaber der Reibbrigaden durch Zusammengeben der Hände einen Ring bildeten, innerhalb dessen die Juden, mit den Kübeln in den Händen springen, hüpfen und andere groteske Bewegungen machen mussten und dass den Juden als Schlusspunkt der geleisteten Arbeit der schmutzige

Nationalsozialisten zwingen nach dem „Anschluss“ unter reger Beteiligung der Wiener Bevölkerung ältere Juden, jüdische Geschäfte mit Farbtopf und Pinsel als solche zu kennzeichnen. März 1938. Photographie

[1] J'ai vu Joseph Roth au café / Il buvait un whisky puis une oxygénée / L'oxygénée? Quel est donc ce breuvage? / On devient courageux dit-il après l'avoir bu / Il passe son verre que le garçon venait de préparer / ... quand je l'ai quitté / ... J'ai vu l'intérieur de ses yeux bleus / La détresse autrichienne / La détresse de la détresse humaine / Qui me demandait pardon / Qui me demandait de rester là.

29
ZAHN
Jud

Gegenüber: Antisemitische Ausschreitungen Wien 1938: Ein jüdischer Jugendlicher wird von Nationalsozialisten gezwungen, „Jud" an eine Geschäftsfassade in der Wiener Leopoldstadt zu schreiben. März 1938. Photographie
Oben: Ältere Juden werden, vom Mob gedemütigt und verhöhnt, durch die Straßen Wiens getrieben. März 1938. Photographie

Oben, unten und gegenüber: In den Anschlusstagen wurden jüdische Männer und Frauen von Angehörigen der Hitlerjugend und anderen Nationalsozialisten gezwungen, pro-österreichische Parolen mit Bürsten vom Straßenpflaster und von Mauern zu schrubben. Diese sogenannten Reibpartien wurden von vielen Wienern als Volksbelustigung aufgefasst, bei der sie die Gedemütigten verhöhnen konnten. März 1938. Photographien

Oben: „Das große Schwein kauft bei Juden ein": Ein Kunde eines jüdischen Geschäfts, der gegen den Boykottaufruf verstößt, wird öffentlich an den Pranger gestellt. März 1938. Photographie

Gegenüber: Schaufenster jüdischer Geschäfte werden mit Plakaten („Arier! Kauft nicht bei Juden" oder „Jüdisches Geschäft") stigmatisiert oder einfach mit „Jud" beschmiert. März 1938. Photographien

Afrik-
üdisches
eschäft
üdisches
eschäft
115

Arier!
Kauft
nicht
bei
Juden.

Links: Ausstellung „Der ewige Jude", am 30. Juli 1938 eröffnete Propagandaschau in der Nordwestbahnhalle. 1938. Photographie von Albert Hilscher

Gegenüber:
Links oben: „Gleiches Blut gehört in ein gemeinsames Reich!": NS-Parole für die Volksabstimmung am 10. April 1938 am Loos-Haus am Michaelerplatz, an dem gerade eine Schar der Hitlerjugend vorbeizieht. März 1938. Photographie
Links Mitte: Wahlzelle bei der Volksabstimmung über die „Wiedervereinigung Österreichs mit dem deutschen Reich" am 10. April 1938. Photographie von Lothar Rübelt
Links unten: „Die deutsche Kunst gehört dem deutschen Volke": NS-Parole an der Staatsoper am Opernring für die Volksabstimmung am 10. April 1938. März 1938. Photographie von Lothar Rübelt

Oben: Wiener auf Mauern und Ringstraßenbäumen rund um den Heldenplatz warten auf die Rede Adolf Hitlers am 15. März 1938. Photographie
Unten: Jubelnde Österreicherinnen und Österreicher empfangen Adolf Hitler in Graz. 3. April 1938. Photographie

Oben: Weinende und erschöpfte jüdische Kinder bei ihrer Ankunft in Harwich, England. 1938. Photographie
Unten: Jüdische Flüchtlingskinder aus Wien nach ihrer Ankunft in England. Die Kinder blieben bis zu ihrer endgültigen Zuteilung zu Familien in einem Ferienlager in Lowestoft. Dezember 1938. Photographie
Gegenüber: Eine Gruppe junger österreichischer Emigranten an Bord der S.S. Harding begrüßt bei ihrer Ankunft in New York die Freiheitsstatue. Um 1938/39. Photographie

Oben: Hermann Broch (1886–1951). Um 1935. Photographie
Unten: Eingang zum Konzentrationslager Theresienstadt in der ehemaligen k. u. k. Festung. Um 1941. Photographie

Inhalt der Kübel auf die Kleider geschüttet wurde? Ist Ihnen bekannt, dass es da noch Verschärfungen gab? Dass Juden in den Keller gesperrt, mit dem Erschießen bedroht wurden, so dass sie dann noch froh waren, dass man ihnen lediglich den Kopf mit Teer einschmierte, dann das halbe Kopfhaar und die Augenbrauen herausschnitt?"

Ganze Nächte fuhr der Schriftsteller Hermann Broch in diesen Tagen mit der Stadtbahn kreuz und quer durch Wien, um nicht aufgegriffen zu werden. Er nutzte wechselnde Nachtlager und schmuggelte seine Manuskripte außer Landes. Wagte sich nur noch in einziges Kaffeehaus, blickte unentwegt über die Schulter. Broch, ein eleganter Gentleman mit englischen Manieren, sprach später im amerikanischen Exil nur von Ekel: „Der Ekel war mein schlimmstes Hitler-Erlebnis." Häufig, wenn er durch die Straßen von Wien irrte und auf die groben Demütigungen stieß, die man seinen Mitmenschen antat, wurde ihm so übel, dass er sich übergeben musste.

„Viennese Go Wild / Jam Noisy Streets", meldete die Schlagzeile der *New York Times*. Und: *„Youths On The March / No Opposition Visible."* Und wenige Tage darauf kommentierte die Zeitung: „In 14 Tagen ist es gelungen, die Juden einem unendlich härteren Regime zu unterwerfen, als es in Deutschland in einem Jahr erreicht worden war."

In diesen Tagen erschienen SA-Schergen auch in der Wohnung des Weltkriegsveteranen Emil Samuel Sommer, geboren 1869 in der Bukowina. Der Kaufmannssohn war einer der wenigen, die trotz ihres mosaischen Bekenntnisses als Berufsoffizier Karriere in der Habsburger-Armee gemacht hatten. Bei Ausbruch des Ersten Weltkrieges war Hauptmann Sommer mit seinem galizisch-bukowinischen Infanterieregiment 24 „Ritter von Kummer" an der russischen Front für Kaiser und Vaterland in den Kampf gezogen und nach den Winterschlachten an den Karpatenpässen verwundet in Gefangenschaft geraten. Sein zweiter Fluchtversuch aus einem sibirischen Lager glückte, über Finnland gelangte er zurück nach Wien und gerade rechtzeitig an die italienische Piave-Front, um noch an der letzten und gescheiterten Offensive der bereits ausgebluteten Armee teilzunehmen. Nach dem Zusammenbruch ver-

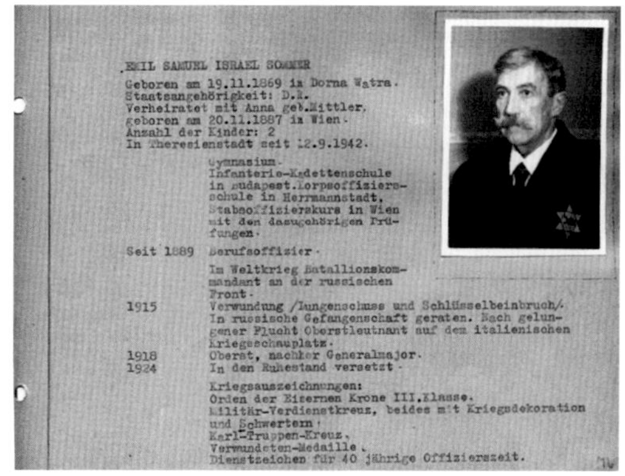
EMIL SAMUEL ISRAEL SOMMER
Geboren am 19.11.1869 in Dorna Watra.
Staatsangehörigkeit: D.R.
Verheiratet mit Anna geb. Mittler,
geboren am 20.11.1887 in Wien.
Anzahl der Kinder: 2
In Theresienstadt seit 12.9.1942.
Gymnasium.
Infanterie-Kadettenschule in Budapest. Korpsoffiziersschule in Herrmannstadt. Stabsoffizierskurs in Wien mit den dazugehörigen Prüfungen.
Seit 1889 Berufsoffizier.
Im Weltkrieg Bataillonskommandant an der russischen Front.
1915 Verwundung /Lungenschuss und Schlüsselbeinbruch/. In russische Gefangenschaft geraten. Nach gelungener Flucht Oberstleutnant auf dem italienischen Kriegsschauplatz.
1918 Oberst, nachher Generalmajor.
1924 In den Ruhestand versetzt.
Kriegsauszeichnungen:
Orden der Eisernen Krone III. Klasse.
Militär-Verdienstkreuz, beides mit Kriegsdekoration und Schwertern.
Karl-Truppen-Kreuz.
Verwundeten-Medaille.
Dienstzeichen für 40 jährige Offizierszeit.

Emil Samuel Sommer (1869–1947). 1942. Karteikarte aus dem Prominentenalbum Theresienstadt

tauschte der frühere Regimentskommandeur sofort des Kaisers Rock mit der Uniform der Republik. Als im Herbst 1921 ungarische Freischärler im burgenländischen Grenzgebiet auf österreichisches Hoheitsgebiet vordrangen, vertrieb der Haudegen mit seinen Männern die Eindringlinge.

Bereits in Pension gründete der Generalmajor außer Dienst den „Bund jüdischer Frontkämpfer", mit 28 000 Mitgliedern eine der größten jüdischen Vereinigungen. An jüdischen Feiertagen schützten die Veteranen Bethäuser vor den Übergriffen randalierender Nazis, und an nationalen Feiertagen paradierten sie in ihren alten Uniformen und mit ihren Orden durch die Straßen von Wien: „Uns zur Ehre und niemandem zu Leide", wie sie in ihrem Vereinsorgan verkündeten. Im zunehmend explosiven Klima der letzten Republiksjahre überwarf sich Sommer jedoch bald mit seinen Kameraden und rekrutierte eine Splittergruppe für einen neuen Veteranenverein jüdischer Monarchisten, der sich der Schirmherrschaft des verbannten Thronprätendenten Otto von Habsburg unterstellte.

Just diesen Mann wollte ein Trupp Braunhemden im März 1938 demütigen und fortschleifen, um unter den Blicken höhnischer Passanten das Straßenpflaster zu schrubben. Der Offizier alter Schule bewahrte Haltung und ersuchte lediglich, seine Hauskleidung wechseln zu dürfen. „Bitte, meine Herren, gehen wir", sagte er, als er aus dem Ankleidezimmer zurückkehrte. Er trug nun seine Generalsuniform, ausgestattet mit allen seinen Ehrenzeichen: dem Militär-Verdienstkreuz mit Schwertern, der Verwundeten-Medaille, dem Karl-Truppen-Kreuz und dem Orden der Eisernen Krone III. Klasse, dessen Verleihung einst mit der Erhebung in den erblichen Ritterstand verbunden war. Die SA-Männer verzichteten auf ihr Vorhaben.

Emil Samuel Sommer war wohl eine Gestalt wie der Phantasie eines Joseph Roth entsprungen, ein jüdischer Trotta, den noch ein letztes Kapitel seines Lebens erwartete. Ein Foto aus dem Konzentrationslager Theresienstadt, in welches das Ehepaar Sommer 1942 deportiert wurde und das beide überlebten, zeigt den alten General in strammer Haltung mit strengem und zugleich wehmütigem Blick. Ein buschiger Schnauzer lässt das Gesicht des 74-jährigen Kriegers erschöpft und müde aussehen. Den Judenstern aber, der an seinen Mantel geheftet ist, trägt er stolz, als sei es der kostbarste Orden, den er je errang.

Die Selbstmorde von Wiener Juden stiegen sprunghaft an. Im ersten Monat der nationalsozialistischen Herrschaft, im März 1938, nahmen sich 79 Juden das Leben (im Vergleich dazu waren im März 1937 lediglich drei Selbstmorde bei Juden registriert worden), im Monat darauf waren es 62 Fälle. Vor allem solche Wiener, die sich schon längst nicht mehr als jüdisch empfunden hatten und in ihrem Lebensgefühl eins mit der Stadt und ihren Bewohnern geworden waren, sahen oft keinen anderen Ausweg mehr aus einem Schicksal, das ihnen vollkommen unbegreiflich erschien. Viele verabschiedeten sich, nachdem sie ihren Entschluss gefasst hatten, bei Freunden und Bekannten, so, als wollten sie sich auf eine lange Reise begeben. Man wusste dann, bald würde wieder ein Verzweifelter Hand an sich legen. „Es war einfach unmöglich, jemandem außerhalb Österreichs verständlich zu machen, mit welcher resignierten Sachlichkeit die österreichischen Juden damals über Selbstmord als einen alltäglichen Ausweg aus ihrer entsetzlichen Lage sprachen", berichtete der amerikanische Korrespondent G. R. E. Gedye in einer Reportage: „Jüdische Freunde teilten einem den Entschluss, Selbstmord zu verüben, in dem gleichen Ton mit, in dem sie früher erzählt hatten, dass sie eine Eisenbahnreise unternehmen würden."

Am 16. März trommelten zwei SA-Männer gegen 22.00 Uhr an eine Wohnungstür im dritten Stock des Hauses Gentzgasse 7. Die Haushälterin, die ihnen öffnete,

Egon Friedell (1878–1938). Um 1935. Photographie

beschimpften sie als „Judenhure". Es kam zu einem Wortwechsel. Währenddessen flüchtete der Kulturhistoriker Egon Friedell, der in den letzten Jahren nur noch selten sein mit Büchern verbarrikadiertes Domizil verlassen hatte, in das Wohnungsinnere. Hinter sich versperrte er die Türen. Im Schlafzimmer öffnete er ein Fenster und stürzte sich auf die Straße. „Bis auf eine Schramme an der Schläfe völlig unverletzt", befand der Notarzt; das Herz des Selbstmörders habe noch während des Sturzes versagt.

So begann der „unerbittliche Kampf gegen Alljuda in der Ostmark", wie das Hetzblatt *Der Stürmer* in einer Sondernummer vom 2. Juli 1938 triumphierend berichtete. Den Wienern musste man antisemitischen Aktionismus nicht extra ans Herz legen. Jeder tat, was er konnte. Werner Oeller beispielsweise, Jahrgang 1897 und Auktionsleiter in der kommunalen Wiener Pfandleihe Dorotheum, setzte innerhalb seines Wirkungsbereiches Maßstäbe. Er bespuckte und ohrfeigte die nichtarische Kundschaft, die ihre Habseligkeiten versetzten wollte, um Geld für die Flucht zusammenzukratzen. Und er antichambrierte so lange bei der Hausdirektion, bis über seine jüdischen Arbeitskollegen Berufsverbot verhängt wurde, noch bevor die Verordnungen der neuen Machthaber dies forderten.

Auch Josef Wurzberger, der schon 1930 der NSDAP beigetreten war, wusste, wonach die neue Zeit verlangte. Unmittelbar nach dem Einmarsch der deutschen Wehrmacht wurde er zum Bürgermeister der zu diesem Zeitpunkt noch eigenständigen Wiener Vorortgemeinde Liesing ernannt. Kaum in Amt und Würden, ließ er die jüdischen Bewohner seines kleinen Herrschaftsbereiches zusammentreiben, auf Lastwagen verladen und in das Zentrum der Stadt abtransportieren. Dort wurden sie mitten auf der Straße ausgesetzt. Eindringlich warnte sie der braune Vorstadtdespot, in das nunmehr judenfreie Liesing zurückzukehren: „Geht doch in die Donau, dort ist genug Platz für euch!" Die Volksgenossen des rassebewussten Bürgermeisters plünderten daraufhin die „entjudeten" Wohnungen und schlugen alles kurz und klein.

In der historischen Stunde des Anschlusses hatten neue und alte Nazis nur die Verteilung der Beute im Sinn. Es wurde geplündert und gestohlen, „arisiert" und abgesahnt, solange der Vorrat reichte. Selbst preußische Disziplin konnte die Raubrattenzüge nicht stoppen. Nicht einmal, was niet- und nagelfest war, war sicher. Das Erpresserwesen blühte: Wer nicht augenblicklich zahlte, wurde – bestenfalls – bei den braunen Behörden denunziert oder niedergeprügelt. Isidor Pollack, Direktor einer chemischen Fabrik, wurde von notdürftig uniformierten Schlägertrupps buchstäblich zu Tode getrampelt. Franz Rothenberg, Aufsichtsratsvorsitzender der größten Bank des Landes, der Creditanstalt, wurde von einem Rollkommando der SA in seinem Büro überfallen, in ein Auto gezerrt und bei voller Fahrt aus dem Wageninneren getreten – er starb auf der Stelle. Der prominente sozialdemokratische Rechtsanwalt Hugo Sperber wurde in seiner Kanzlei misshandelt, in das Konzentrationslager Dachau deportiert und dort ermordet.

Im Juli 1938 zogen die *Deutschland-Berichte*, ein Informationsdienst der deutschen Sozialdemokraten in der Emigration, Bilanz der ersten Ostmark-Monate: „Bald begannen die Demolierungen und ‚Requirierungen', das heißt Plünderungen jüdischer Geschäfte, die Erpressungen bei jüdischen Geschäfts- und Privatleuten. In den Läden erschienen vierzehn- bis sechzehnjährige Burschen, von etwa zwanzig- bis fünfundzwanzigjährigen SA-Männern angeführt, und ‚requirierten' Lebensmittel,

Schuhe, Stoffe usw. Häufig wurde die Beute mit Lastkraftwagen abtransportiert. Auf diese Weise wurden fast sämtliche Geschäfte heimgesucht ... Die Ausräumung des Warenhauses Schiffmann in der Taborstraße dauerte drei Tage. Arbeiter mit Hakenkreuzbinden leerten die Lager, Männer im Braunhemd hielten die neugierige Menge fern."

Die Praxis der „Arisierung" jüdischen Vermögens sollte nach NS-Vorstellung ein gesetzlich bemäntelter Enteignungs-Vorgang sein. Doch die Anschließer hatten die Rechnung ohne die Angeschlossenen gemacht. Wer zuerst kam, kassierte auch zuerst. Eine Hakenkreuzbinde genügte: Ihr Träger erklärte sich einfach zum „kommissarischen Verwalter", setzte sich auf den Chefsessel und ließ sich aushalten; wenn er nicht auch gleich, wie im Fall der Gemischtwarenhandlung Reindler, die „Judenwohnung" bezog und sogar die Schultaschen und Spielsachen der „Judenkinder" für seine Familie mitgehen ließ.

Auf rund 25000 solcher „wilden Arisierungsfälle" durch selbsternannte „Kommissare" schätzte Hans Fischböck, den die Nazis zum österreichischen Handelsminister eingesetzt hatten, die Bilanz der ersten Welle des Raubzuges. Dem früheren Versicherungsdirektor und späteren SS-Brigadeführer wurde alsbald die „Entjudung des Wirtschaftslebens" in Wien überantwortet. Binnen weniger Wochen unterbreitete er in Berlin einen detaillierten Plan, der Hermann Göring, den ökonomischen Drahtzieher des Regimes, begeisterte: „Wunderbar, dann würde in Wien, einer der Hauptjudenstädte sozusagen, bis Weihnachten oder Ende des Jahres diese ganze Geschichte wirklich ausgeräumt sein."

Von den insgesamt 70000 Wiener Wohnungen, in denen im März 1938 Juden lebten, hatten bei Jahresende 44000 bereits neue Bewohner gefunden, wobei die NS-Behörden viele der selbstherrlich unternommenen Vertreibungen stillschweigend in Kauf nahmen. Nachdem die 69-jährige Witwe Rosa Eisinger in Zug des November-Pogroms in Haft genommen worden war, stand sie bei ihrer Freilassung einen Tag später bereits auf der Straße. Auch ihr Bargeld, ihren Schmuck und ihren Pelzmantel besaß nun jemand anderer. Obdachlose Juden wurden in Sammelwohnungen gezwängt, oft fünf oder sechs Familien in eine verrottete Unterkunft.

„Mußte die Norddeutschen der Nationalsozialismus vielfach erst auf die privaten, sozusagen unpolitischen Gefahren des Judentums aufmerksam machen, so ist es in Wien im Gegenteil die Aufgabe einer verantwortungsbewußten, um die Untadeligkeit und Reinheit der Bewegung besorgten Volkserziehung, den überschäumenden Radikalismus einzudämmen", notierte im April 1938 die Wiener Ausgabe des *Völkischen Beobachters*: „Denn – das merke jeder – Deutschland ist ein Rechtsstaat. Das

Portrait Dr. Emil Mayer (1871–1938). Um 1910. Photographie. Der angesehene Anwalt und berühmte Amateurphotograph setzte, gemeinsam mit seiner Frau, am 8. Juni 1938 seinem Leben durch Leuchtgas ein Ende.
Unten: Zeitungsinserat des „arisierten" Kaufhauses Herzmansky. 1938. Buchdruck

heißt: In unserem Reiche geschieht nichts ohne gesetzliche Grundlage. Pogrome werden keine veranstaltet, auch nicht von der Frau Hinterhuber gegen die Sara Kohn im dritten Hof, Mezzanin, bei der Wasserleitung."

Der neue Reichskommissar Josef Bürckel, den man aus dem Saarland in diesen Hexenkessel beordert hatte, wusste sich schon bald keinen Rat mehr. „Die herrliche Geschichte des Nationalsozialismus und der Erhebung in Österreich hat durch das, was sich in den ersten Wochen an Raub und Diebstahl ereignet hat, eine gewisse Trübung erfahren", klagte er nach einigen Monaten sichtlich frustriert in einem Geheimbericht an seinen Berliner Vorgesetzten Göring. Umsonst sei seine „ganze Erziehungsarbeit". Vergeblich die „schärfsten Maßnahmen".

Oben: Steyr-PKW des Gauleiters Josef Bürckel mit dem Kfz-Kennzeichen „Ostmark 10438", ein Geschenk an den „Reichskommissar für die Wiedervereinigung Österreichs mit dem Reich" anlässlich der überwältigenden Mehrheit bei der Abstimmung vom 10. April 1938. Photographie
Unten: Gauleiter Josef Bürckel, 1935/36 „Reichskommissar für die Rückgliederung des Saarlands", eröffnet in Edenkoben die deutsche Weinstraße. Oktober 1935. Photographie

Der NS-Statthalter schickte politisch zuverlässige Vertrauensleute auf die Straße, die sich „der Zerstörungswut entgegenwarfen". Sie holten sich blutige Köpfe und wurden „von Leuten aus den Gliederungen verprügelt, weil sie versucht haben, die Zerstörung aufzuhalten". Auch Sonderstreifen der SS konnten den Marodeuren nur mühsam Einhalt gebieten. Der „Mentalität in Österreich" war nicht beizukommen. Das war dann wohl eine besonders lokaltypische Ausprägung des politischen Widerstandes.

Am 17. August 1938 verfasste der Hilfsverein der jüdischen Blinden ein Gesuch an die „löbliche Arisierungskommission": „Die gefertigte Vereinsleitung gestattet sich, Ihnen Nachstehendes ganz ergebenst zu unterbreiten: Im Zuge der Arisierung der in jüdischen Händen befindlichen Betriebe und Unternehmungen in der Ostmark, beabsichtigen die Behörden auch den jüdischen Blinden die Gewerbescheine abzuverlangen. Es handelt sich hier um ca. 8 blinde Bürsten- und Pinselerzeuger, um 4 Korb- und Stuhlflechter und um 6 Blinde, die mit Korb- und Bürstenwaren Handel treiben. Es sind dies kleine Betriebe, deren Inhaber kaum das Allernotwendigste verdienen, um ihr dürftiges Dasein zu fristen ... In der angenehmen Erwartung, daß die löbliche Kommission unser ergebenes Ansuchen einer gütigen Behandlung zuführen wird, erlauben Reichskommissar unseren tiefsinnigsten Dank auszusprechen und zeichnen mit vorzüglicher Hochachtung für die Vereinsleitung Obmann Leo Damm."

Die Antwort des Zunftsekretärs und des Zunftmeisters der Drechsler- und Bildhauerzunft, Gau Wien, kam postwendend: „Die gefertigte Zunft teilt mit, daß von einer Belassung für den Hilfsverein jüdischer Blinden keine Rede sein kann, daß vielmehr auch in diesem Fall eine Liquidierung unbedingt durchzuführen ist. Dies zur gefälligen Kenntnisnahme. Heil Hitler!"

Soweit die Aktenlage. Deutschland, und somit die Ostmark, war ein Rechtsstaat. Pogrome wurden erst später veranstaltet. Wer hätte sie ahnen können?

Dennoch überwog in Berlin die Freude über die Nachrichten, die aus den neuen Donau- und Alpengauen eintrafen. Bei einer Besprechung im Reichsluftfahrtministerium zu „Judenfragen", bei der Hermann Göring in seiner Funktion als Beauftragter für die „Ausschaltung des jüdischen Einflusses im Wirtschaftsleben" präsidierte, glänzte der Wiener „Arisierungs"-Experte Hans Fischböck am 12. November 1938 mit seinen Ideen und den Zahlen seiner Erfolgsbilanz. Der Wirtschaftsjurist hatte im Mai in seinem Ministerium eine „Vermögensverkehrsstelle“ eingerichtet, bei der 500 Beamte eingesetzt waren. Dort mussten Juden ihren gesamten Besitz registrieren. Dadurch konnte der dann folgende Raub in bürokratisch geordnete Bahnen geleitet werden.

Das Hotel Metropol am Morzinplatz, nach dem „Anschluss“ Österreichs Gestapo-Hauptquartier in Wien. Um 1935. Photographie

Die neue Behörde überwachte den gesamten Vermögenstransfer. Sie suchte die „arischen“ Käufer unter verdienstvollen Kämpfern aus und bestimmte den Kaufpreis – in der Regel eine lächerliche Summe. De facto organisierte sie eine entschädigungslose Enteignung, denn der Betrag, den der neue Besitzer häufig auch noch abstottern durfte, landete auf eigenen Sperrkonten, über welche die Zwangsverkäufer nicht verfügen durften. Die Summe diente als Sicherheit für diverse Abgaben, etwa die sogenannte „Reichsfluchtsteuer“, die den Juden mit großem Erfindungsreichtum auferlegt wurden.

Das war gesetzliches Neuland. In fünf NS-Jahren waren in Deutschland Eigentumsrechte nicht derart massiv angetastet worden. Die kleinlichen Bedenken seiner Finanz- und Wirtschaftsfachleute wischte Reichsmarschall Göring angesichts der reibungslos funktionierenden Raubbürokratie vom Tisch und ordnete an, das Wiener Regelwerk auf das gesamte Reichsgebiet auszudehnen. Bereits 1940 strich eine Dissertation an der Wiener Hochschule für Welthandel in ihrem Resümee vor allem das zügige Tempo der Vertreibung hervor: „Die Entjudung der Ostmark war in Umfang und Dauer ein geschichtlich einmaliger Vorgang.“

Ähnlich zufriedenstellend im Sinne des antisemitischen Staatsterrors verlief auch die Bilanz der Vertreibung der Juden aus Wien. SS-Gruppenführer Reinhard Heydrich, der bald Chef des neuen Reichssicherheitshauptamtes werden sollte, referierte bei der Berliner Konferenz vom November 1938, wie es seinem Wiener Statthalter Adolf Eichmann gelungen war, „in Österreich immerhin 50 000 Juden herauszubringen, während im Altreich in der gleichen Zeit nur 19 000 Juden herausgebracht werden konnten“: „Das machen wir so: Wir nehmen den reichen Juden, die emigrieren wollen, eine gewisse Summe ab. Das Problem ist es nämlich nicht, die reichen Juden zur Ausreise zu veranlassen, sondern den jüdischen Pöbel loszuwerden.“ Deshalb habe man in Wien eine „Judenauswanderungszentrale“ errichtet.

Diese „Zentralstelle für jüdische Auswanderung“ in der Wiener Prinz-Eugen-Straße 22 industrialisierte die Massenvertreibung, die später nach gleichem System in den Deportationen mündete. Alle betroffenen Referate wurden in das beschlagnahmte ehemalige Rothschild-Palais zusammengezogen. Dort wurden in einem reibungslosen bürokratischen Ablauf aus Wiener Juden Abschubobjekte produziert. Durchschnittlicher täglicher Ausstoß: 679 Emigranten. „Es war ein Fließband“, erklärte der Manager der Vertreibungsfabrik 1961 bei seinem Prozess in Jerusalem. Als dann im Februar 1939 in Berlin die „Reichszentrale für Jüdische Auswanderung“ ihre Arbeit begann, in welcher der erprobte Eichmann bald darauf als Geschäfts-

Oben: Josef Löwenherz (1884–1960), Amtsdirektor der Israelitischen Kultusgemeinde Wien. Um 1935. Photographie
Unten: Adolf Eichmann (1906–1962), nach dem „Anschluss" Leiter der „Zentralstelle für jüdische Auswanderung in Wien". Um 1938. Photographie

führer das Kommando übernahm, war auch diese zentrale Vertreibungsbehörde streng nach Wiener Vorbild organisiert.

Bei seinem Tribunal behauptete Eichmann auch, er verdanke die Idee zu dieser Effektivitätssteigerung dem Amtsdirektor der Wiener Kultusgemeinde, Josef Löwenherz. Das war falsche Bescheidenheit. Tatsächlich hatte der junge SS-Untersturmführer bereits ähnliche Pläne gewälzt, bevor er in den ersten Anschluss-Tagen in Wien eintraf. Doch im Altreich ließ sich diese Idee nicht umsetzen, da dort im Unterschied zur Ostmark die Verfolgung und Schikanierung der Juden nicht in den Zuständigkeitsbereich von Eichmanns Sicherheitsdienst der SS fiel, sondern das Schwarze Korps ihren Rivalen von der Gestapo lediglich mit Rat zur Seite stehen durfte.

In Wien riss der ehrgeizige SS-Mann jedoch sofort alle Agenden, die in Zusammenhang mit der Vertreibung der jüdischen Bevölkerung standen, an sich. Während der Mob auf den Straßen tobte, schüchterte Eichmann die jüdischen Funktionäre ein. Schon das erste Zusammentreffen zwischen dem Amtsdirektor der Israelitischen Kultusgemeinde, Josef Löwenherz, und den neuen Herren prägte den Ton. Beim Betreten der jüdischen Kanzlei verabreichte Adolf Eichmann dem stattlichen Funktionär nach eigenem Bekunden eine Ohrfeige. Dann verfrachtete er den Kultusvorstand für ein paar Wochen in Haft. Noch im Kerker zwang er die Beamten der Gemeinde, seine Organisationspläne zu unterstützen und die notwendigen Listen und Verzeichnisse anzufertigen.

In der Hoffnung, das Leid ihrer Gemeinde zumindest teilweise lindern zu können, gingen die jüdischen Funktionäre, die nun im Auftrag der NS-Verwaltung einen „Ältestenrat" zu bilden hatten, Schritt um Schritt mit, bis sie schließlich unrettbar in das System der Massenvernichtung verstrickt waren. Auch diese Wiener Idee der Einbeziehung jüdischen Organisationsvermögens sollte später in Form der Ältestenräte in die großen Ghettos im Osten Europas exportiert werden.

Nach der Befreiung von 1945 gerieten die meisten der jüdischen Funktionäre, die in unterschiedlichen Funktionen eine Kooperation mit den NS-Dienststellen eingegangen waren und so zumindest indirekt der nationalsozialistischen „Judenpolitik" zugearbeitet hatten, in das Zwielicht der verräterischen Kollaboration. Sie hätten sich den Nazis verdingt, nur um ihr Leben zu retten, wurde geurteilt. Vielen wurde der Prozess gemacht.

Doch diesen jüdischen Funktionären blieb in der diabolischen Logik des Systems Eichmann keine andere Wahl. Sie mussten kooperieren, weil sie sich für die Verfolgten verantwortlich fühlten und bis zum Schluss der vagen Hoffnung nachhingen, auf diese Weise Schlimmeres verhindern zu können. Die jüdischen Organisationen wurden gezwungen, der SS zu assistieren. Sie mussten den Großteil des bürokratischen Verwaltungsaufwandes der Vertreibung bewältigen, sie mussten unter immer bedrohlicheren Bedingungen die Verelendung der verbliebenen Juden administrieren, und schließlich mussten sie dafür Sorge tragen, dass die Deportationen reibungslos durchgeführt werden konnten. Sie mussten sogar den Totgeweihten beim Packen ihrer Habseligkeiten helfen. Schon um das reibungslose Funktionieren dieses Systems durch den Verlust des Aktenbestandes nicht zu gefährden, blieben das Gemeindezentrum und der benachbarte Stadttempel in der Pogromnacht vom November 1938 unversehrt, während im Stadtgebet sämtliche jüdischen Gotteshäuser in Flammen standen und dem Erdboden gleichgemacht wurden.

Eichmanns Plan sah vor, die Juden als Agenten ihrer eigenen Vernichtung zu instrumentalisieren. „Nicht die SS, die jüdischen Funktionäre sollten die nationalsozialistischen Erlasse veröffentlichen", schreibt der Historiker Doron Rabinovici, der in einer Studie *(Instanzen der Ohnmacht)* dieses tragische Kapitel der jüdischen

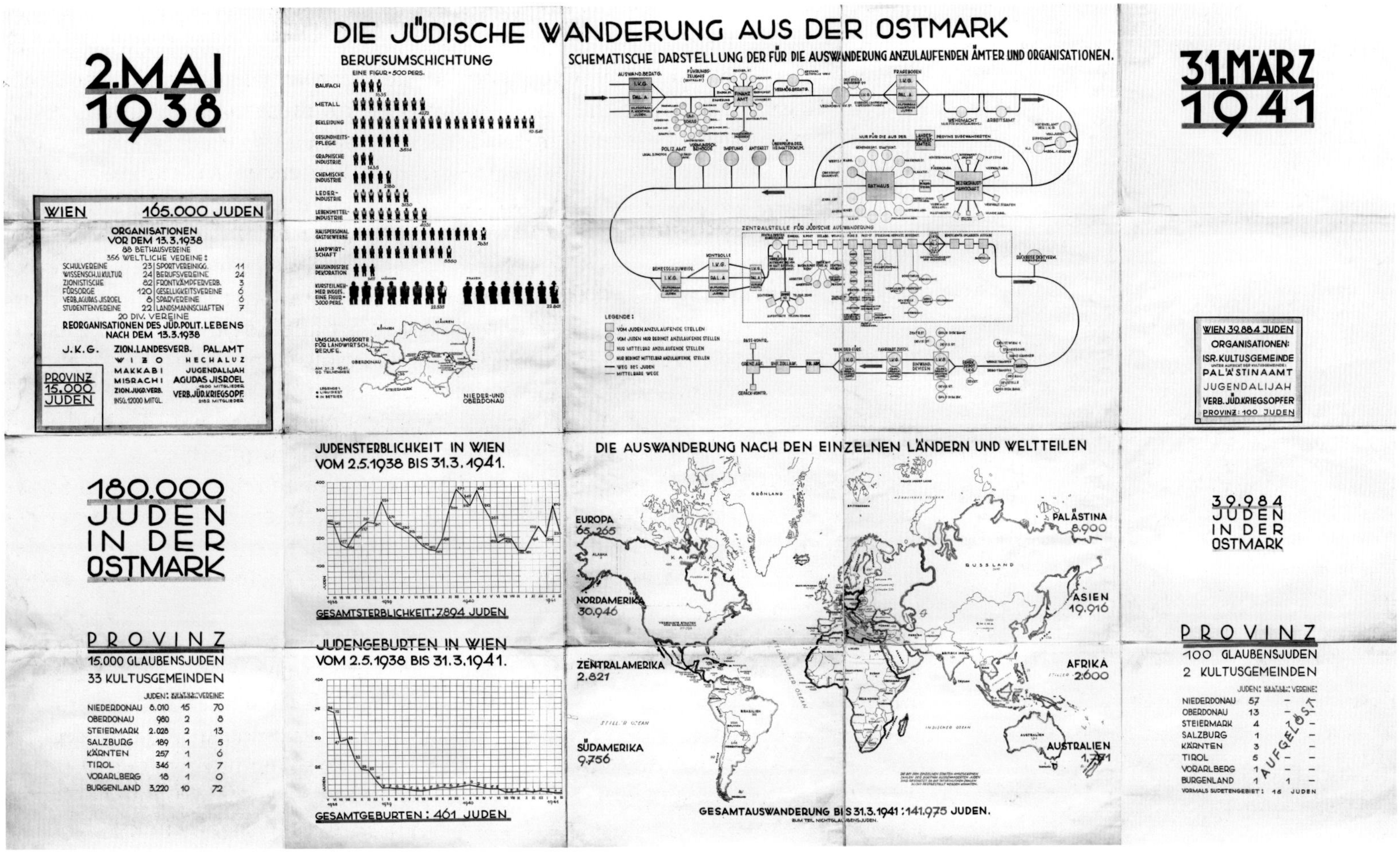

„Die jüdische Wanderung aus der Ostmark. Schematische Darstellung der für die Auswanderung anzulaufenden Ämter und Organisationen". Darstellung des Stabes Eichmann in der SS. 1941

Geschichte untersucht hat, „nicht der SS-Scharführer, sondern der jüdische Ordner sollte im Gedächtnis der Überlebenden haftenbleiben." Die Taktik dieses „Täuschungsmanövers" wirkte nach 1945 fort: „Opfer wurden mit Tätern vertauscht oder willentlich verwechselt. Es war die Umkehr aller Rationalität: Die Juden spielten auf Zeit, aber die Herren der Zeit waren die Nazis."

Die Gemeindefunktionäre bewegten sich fortwährend in einem lebensgefährlichen Graubereich. Willy Stern beispielsweise, vor dem „Anschluss" Mitglied eines Wehrverbandes jüdischer Studenten, hatte häufig heikle Botengänge zu erfüllen. Zunächst ging es um die erzwungene Auswanderung der Juden, später um Deportationen in die Konzentrationslager. Mitunter mehrmals pro Tag pendelte er zwischen den Amtsräumen der Kultusgemeinde in der Seitenstettengasse und dem nahen Hauptquartier der Gestapo im Hotel Metropol auf dem Morzinplatz. Wieder verlassen durfte die Terrorzentrale nur, wer über einen Passierschein verfügte. Stern war sich bewusst, dass er keinesfalls davon ausgehen konnte, jedes Mal wieder solch eine Genehmigung ausgestellt zu bekommen. Der Laufbursche bewegte sich zwischen Leben und Tod. Dennoch weigerte er sich standhaft, als die Gestapo eines Tages von ihm Spitzeldienste einforderte. Der zuständige SS-Mann stellte dennoch, nachdem er Stern vergeblich einzuschüchtern versucht und stundenlang hatte warten lassen, einen Passierschein aus.

Wie ambivalent die Rolle der jüdischen Handlanger war, zeigt der Fall von Wilhelm Reisz, der nach Kriegsende wegen „Kollaboration" von einem österreichischen Volksgericht verurteilt wurde. Die Kultusgemeinde hatte Reisz 1939 als Hilfskraft

Oben: Razzia der SS im Gemeindehaus der Israelitischen Kultusgemeinde Wien am 18. März 1938. Von rechts nach links: Adolf Eichmann, Herbert Hagen, Josef Löwenherz. Photographie
Unten: Vor dem Betreten der Parkanlagen wurde nur gewarnt, das Sitzen auf Parkbänken war den Juden aber schon verboten: Schild in einer öffentlichen Parkanlage in Wien. 1938. Photographie

angestellt, weil er bewiesen hatte, dass er sogar in schwierigen Fällen Pässe verschaffen konnte. Doch auf Reisz wartete eine verhängnisvolle Aufgabe. Als ab 1941 jüdische Menschen nicht mehr vertrieben, sondern verschleppt und ermordet werden sollten, forderte die SS bei der Kultusgemeinde jüdische Ordner an, die den SS-Männern bei den „Aushebungen", also der Zusammenstellung der Deportationsgruppen, behilflich sein sollten.

Zunächst versuchte sich Amtsleiter Josef Löwenherz gegen das Ansinnen zu wehren. Doch die SS drohte, sie werde auf Angehörige der Hitlerjugend zurückgreifen, wenn Juden aus ihren Wohnungen in die Sammellager gebracht werden sollten. Danach beauftragte die nationalsozialistische Behörde einen jüdischen Gestapospitzel mit der Rekrutierung einer brutalen Truppe. Hierauf willigte Löwenherz schließlich ein, bewährte jüdische Angestellte zu nennen, die den SS-Männern direkt unterstellt wurden. Jeden SS-Mann hatten ein jüdischer „Gruppenführer" und ein „Ausheber" zu begleiten. Wer sich weigerte, dem drohte die sofortige Deportation.

Wilhelm Reisz war „Gruppenführer" der jüdischen Ordner unter SS-Scharführer Herbert Gerbing. Reisz hatte sich nicht freiwillig für diese Aufgabe gemeldet, sich der Zuweisung aber auch nicht entziehen können. Er war als Opfer der nationalsozialistischen Judenverfolgung gezwungen worden, zu kooperieren, und in der Hoffnung, dadurch selbst zu überleben, tat er sich durch Übereifer hervor, um sich unentbehrlich zu machen.

Der eigentlich Verantwortliche Gerbing machte viele Opfer glauben, ihn, den SS-Scharführer, ginge die „Aushebung" nichts an. Fanden seine Kameraden eher Gefallen daran, Juden eigenhändig zu quälen, so scheint Gerbing es besonders genossen zu haben, Reisz an seiner Stelle fuhrwerken zu lassen. Zuweilen, wenn sie nicht zur vollen Zufriedenheit arbeiteten, wurden die „Ausheber" geprügelt, auch Reisz. Der jüdische „Gruppenführer" musste im eigenen Interesse hoffen, immer genügend Opfer aufzuspüren. Er haftete dafür mit seinem eigenen Leben.

Manchmal, wenn das Soll nicht erfüllt wurde, wenn Personen, die zur Verschleppung vorgesehen waren, nicht erschienen, wurden statt ihrer die jüdischen Helfer für den Transport eingeteilt. In seinem Prozess schilderte Reisz nach 1945 die Routine der Judenverfolgung, nach der die SS die Deportationstransporte zusammentrieb: „Da die Juden alle registriert waren, hatte der Scharführer bereits eine Liste in Händen. Es wurden nicht alle Wohnungen durchkämmt, sondern nur jene, die auf der Liste standen. Für jede Wohnung waren zwei bis drei Ordner bestimmt. Sie hatten die Aufgabe, die in den Wohnungen lebenden Juden aufzunehmen und ihnen die Kennkarten abzunehmen. Dann kam der Scharführer und verglich seine Liste mit meiner."

Als „Grupenführer" war Reisz dafür verantwortlich, dass keines der Opfer entkam, und er musste den SS-Mann darauf hinweisen, sollte jemand vergessen worden sein. Übersah ein jüdischer „Ausheber" ein Opfer, lief er Gefahr, selbst deportiert zu werden.

Um dem Schicksal der Verschleppung zu entgehen, hielten sich viele Juden so selten wie möglich in ihren Wohnungen auf, weshalb SS und Gestapo häufig Razzien in Parks und Cafés durchführten. Es wurde auch ein sogenannter „Sonderdienst" aus jüdischen Handlangern aufgestellt, dessen Aufgabe es war, untergetauchte Juden, sogenannte U-Boote, aufzuspüren. Rekrutiert wurden diese Männer unter den zur Zwangsdeportation bestimmten Personen. Sie duften in Wien bleiben, solange sie immer neue Opfer auslieferten. Ihre Bezahlung erhielten die „Sonderdienst"-Leute jedoch von der Kultusgemeinde. Sie wurden in den Büchern als „mittellose Juden" geführt, die von der Fürsorgezentrale eine monatliche Unterstützung bezogen.

Zynisch spielten Gestapo und SS mit ihren Opfern, durchkreuzten alle Überlebensstrategien durch willkürliche Entscheidungen. 1942, als die Todestransporte auch in der Wiener Kultusgemeinde finstere Gewissheit geworden waren, sprach Amtsdirektor Löwenherz in der Gestapo-Zentrale vor. Er wurde mit einem hohen SS-Mann in Berlin verbunden. „Das ist doch Gräuelpropaganda", wurde dem besorgten Funktionär versichert: „Gehen Sie beruhigt heim, Herr Doktor." Bis zuletzt hielt Löwenherz in seinem Amt eiserne Disziplin aufrecht. So mussten die Angestellten des „Ältestenrates" bis in das Jahr 1945 an sieben Tagen in der Woche 60 Stunden Dienst versehen, auch als der Großteil der Gemeinde bereits vertrieben und ermordet war.

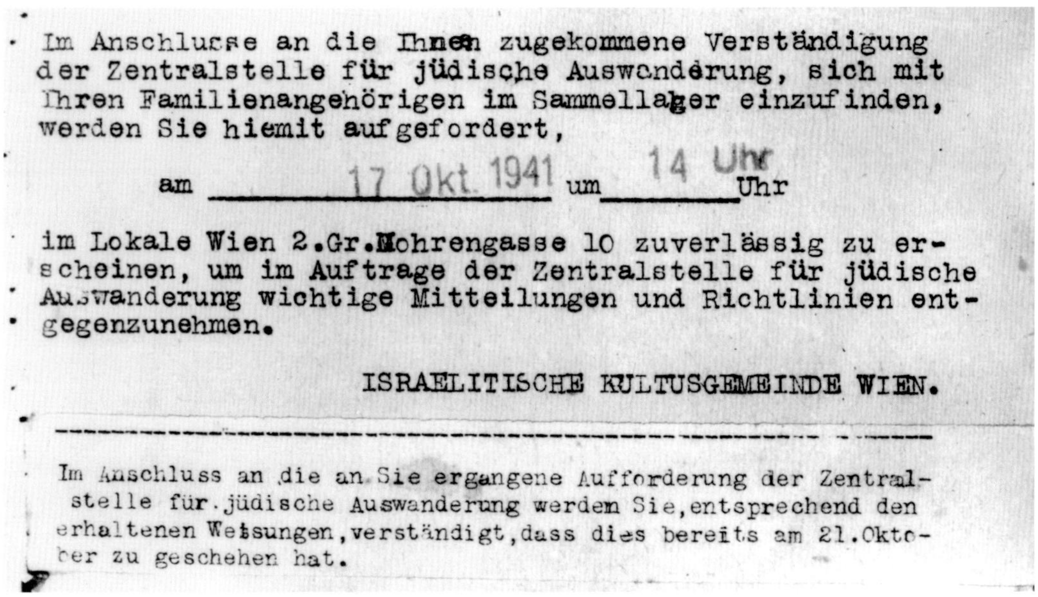

Im Anschlusse an die Ihnen zugekommene Verständigung der Zentralstelle für jüdische Auswanderung, sich mit Ihren Familienangehörigen im Sammellager einzufinden, werden Sie hiemit aufgefordert,

am 17 Okt. 1941 um 14 Uhr Uhr

im Lokale Wien 2.Gr.Mohrengasse 10 zuverlässig zu erscheinen, um im Auftrage der Zentralstelle für jüdische Auswanderung wichtige Mitteilungen und Richtlinien entgegenzunehmen.

ISRAELITISCHE KULTUSGEMEINDE WIEN.

Im Anschluss an die an Sie ergangene Aufforderung der Zentralstelle für jüdische Auswanderung werden Sie, entsprechend den erhaltenen Weisungen, verständigt, dass dies bereits am 21.Oktober zu geschehen hat.

Oben: Lange Warteschlangen im Gemeindehaus der Israelitischen Kultusgemeinde Wien. 1938. Photographie
Mitte: Aufforderung der Israelitischen Kultusgemeinde im Auftrag der „Zentralstelle für jüdische Auswanderung" an ihre Mitglieder, sich in einem Sammellager zur Deportation einzufinden. 17. Oktober 1941. Typoskript
Unten: Vier Mitglieder der Israelitischen Kultusgemeinde Wien im Gemeindehaus, zweiter von rechts Dr. Benjamin Murmelstein (1905–1989), Leitungsmitglied der Kultusgemeinde und Leiter der von den Nationalsozialisten geschaffenen „Auswanderungsabteilung". 1938. Photographie

Die Arbeitszeiten und Vorschriften mussten strikt eingehalten werden. Eine Übertretung oder wiederholte Unpünktlichkeit musste der Gestapo gemeldet werden und konnte Entlassung, Deportation und damit den Tod nach sich ziehen.

Wie groß der Zwiespalt sein konnte, in dem sich die jüdischen Funktionäre befanden, zeigt vor allem die Figur von Benjamin Murmelstein, der zur rechten Hand von Amtsdirektor Löwenherz aufstieg. Vor dem Anschluss war der hochgebildete Gelehrte, der aus einer orthodoxen Lemberger Familie stammte, Gemeinderabbiner in der Brigittenau. In seiner neuen Funktion trat er nun herrisch und überkorrekt auf und blieb als jähzorniger SS-Vasall in Erinnerung. Nach dem Krieg rechtfertigte er seine Strenge damit, dass „der SS keine Handhabe gegen die jüdische Gemeinde geboten werden durfte". Er wurde 1943 in das Konzentrationslager Theresienstadt verschleppt und überlebte als letzter „Lagerältester" die Deportation. In einem langen Filminterview bezeichnete er sich als den „letzten der Ungerechten".

Kurz vor dem Anschluss hatte Murmelstein noch ein Buch über Flavius Josephus veröffentlicht, den Chronisten des Jüdischen Krieges, der zu den Römern übergelaufen war und im Lager des Feldherrn Titus zusehen musste, wie die aufständischen

Der zerstörte „Große Tempel" in der Tempelgasse in der Leopoldstadt nach der „Pogromnacht" (9./10. November 1938) in Wien. 1938. Photographie

Zeloten gemartert und gekreuzigt wurden und das Allerheiligste, der Tempel von Jerusalem, bis auf die Grundmauern zerstört wurde. „Am Judentum in Treue hängend, steht er auch im Banne der großen Idee des römischen Reiches", heißt es darin: „Sein zerrissenes und zweideutiges Wesen läßt ihn daher als Sinnbild der jüdischen Tragik erscheinen."

Bereits 1938 staunten Funktionäre der Berliner Kultusgemeinde, die Eichmann zu einem Informationsbesuch nach Wien befohlen hatte, wie banal sich die Unmenschlichkeit organisieren ließ: „Das ist wie eine vollautomatische Fabrik, eine Getreidemühle mit angeschlossener Bäckerei", erklärte ihnen der herrische Prokurist des Todes: „An einem Ecke steckt man einen Juden hinein, der noch etwas Vermögen hat, er geht durch das Gebäude, von Schalter zu Schalter, von Büro zu Büro, und am Ende kommt ein Jude heraus, ohne Geld, ohne Rechte, nur mit einem Pass, in dem steht: Du musst das Land innerhalb von 14 Tagen verlassen. Andernfalls kommst du in ein Konzentrationslager."

Da war nichts mehr vom pathetischen Antisemitismus der Kampfjahre. Das Prinzip der „Endlösung", so wie Eichmann es 1938 in Wien erstmals installierte und erprobte, blieb bis zum millionenfachen Massenmord von Auschwitz, Warschau, Treblinka, Belzec oder Sobibor gleich: die bürokratische, durchorganisierte und leidenschaftslose „Massenentjudung". Dieses „Modell Wien", schreibt der Historiker Saul Friedländer in seinem Standardwerk über die Shoah, „war offensichtlich mehr an ökonomischer Logik orientiert, denn an der antisemitischen Ideologie der Nazis".

So wie in Wien bewährte sich Eichmanns Vorgehensweise überall im nationalsozialistischen Machtbereich. Viele aus seinem Wiener Team kamen in ganz Europa zum Einsatz. Die jüdische Auswanderungszentrale übersiedelte zunächst nach Prag, dann nach Berlin und eröffnete überall auf dem eroberten Kontinent Zweigstellen. Das Amt blieb gleich, nur die Bedeutung seines Namens änderte sich. Nach der Wannsee-Konferenz von 1942 stand „Umsiedlung" für staatlich organisierten Massenmord.

Im März 1938 lebten in Wien knapp 200 000 Juden, viele von ihnen in Elendsquartieren in der Leopoldstadt. Nach einem Verzeichnis der Kultusgemeinde waren es am 15. September 1939 noch 72 000. Auch mit Hilfe dieser Verzeichnisse wurden ab 1941 über 48 000 Personen deportiert. Als die Rote Armee im April 1945 Wien befreite, hatte nur eine kleine Gruppe von Juden, nach einer Angabe waren es lediglich 136, in der Stadt überlebt. Einer von ihnen war der unglückliche Amtsdirektor Löwenherz. Kurz bevor er im Eichmann-Prozess in Jerusalem aussagen sollte, erlag er einem Herzanfall.

5. Kapitel
WIEN RETOUR

Nein, die Zeit, sie heilt keine Wunden. Sie konnten zwar unter einem Notverband aus Geschichtslügen langsam vernarben, doch beizeiten brachen die Wundmale dieser zerschundenen Vergangenheit wieder auf. Und immer wenn der Wind sich dreht, wenn aus der Tiefe der Zeit verblasste Gedankenfetzen hochwirbeln, dann brennen die Narben weiterhin. Auch heute noch.

Am 8. April 1945, die Rote Armee hat die westlichen Außenbezirke von Wien bereits eingenommen und ist bis zum Gürtel vorgedrungen, wird – wie viele andere Geschäfte in der Stadt auch – das ehemalige Kleiderkaufhaus Rothenberger am Stephansplatz von der Bevölkerung geplündert. Der Textilpalast wurde 1938 „arisiert" und einem Berliner Kaufmann zugesprochen. Nun geht er im Chaos der Mauserei in Flammen auf. Die Feuerwehr ist schon zwei Tage zuvor aus der Stadt abgerückt. Der Großbrand breitet sich aus. Durch Funkenflug geraten auch die staubtrockenen Balken im Dachstuhl der gotischen Kathedrale, die in all den Bombennächten unversehrt geblieben ist, in Brand. Das Feuer wütet tagelang.

Noch am 11. April 1945, die Rote Armee hat bereits im Handstreich die Reichsbrücke erobert, werden neun in Wien verbliebene Juden von einem SS-Kommando massakriert. Die älteste ist 81, der jüngste 20 Jahre alt. Nelly Blum, Arthur Holzer, Arthur Klein, Erna und Grete Klüger-Langer, Marie Margolin, Kurt Mezei, Emil Pfeiffer und Genia Jenny Schaier suchen vor den Kampfhandlungen im Keller des Hauses Förstergasse 7 in der Leopoldstadt Zuflucht. Sie fallen einer Waffen-SS-Einheit, die in einem benachbarten Gebäude untergebracht ist, in die Hände. In den Abendstunden werden sie in einem Bombentrichter durch Genickschüsse ermordet. Sie sind die letzten Opfer der Shoah auf Wiener Boden. Einige Stunden später treffen in der Förstergasse die Soldaten der Roten Armee ein.

Am 15. April verkündet die Nummer 1 der von den Sowjettruppen herausgegebenen *Österreichischen Zeitung*: „Wien befreit!" Erst Tage später sind die letzten Stadtteile links der Donau eingenommen, im Wienerwald dauern die Kämpfe noch zwei Wochen an. Da verkehren bereits die ersten Straßenbahnzüge wieder. Das Hakenkreuz ist vom Parlament abgeschlagen worden. Die österreichische Radiostation Ravag hat ihren Sendebetrieb wieder aufgenommen. Die Staatsoper wählt zu der Wiederaufnahme ihres Spielbetriebes *Figaros Hochzeit*, das Theater in der Josefstadt *Hofrat Geiger*, und das Burgtheaterensemble besinnt sich für seine erste Vorstellung nach der Befreiung der Liebestragödie *Sappho* des österreichischen National-

Der brennende Stephansdom, im Vordergrund sowjetische Soldaten. 1945. Photographie dichters Franz Grillparzer. „Es ist / Verwelkt der Lorbeer und das Saitenspiel verklungen! / Es war auf Erden ihre Heimat nicht", klagen die Verse des Trauerspiels.

Bereits in ihrer ersten Proklamation verkünden die neubegründeten Parteien, die Sozialdemokraten, die in Volkspartei umbenannten Christlichsozialen sowie die Kommunisten, welche Lehren sie aus dem soeben zu Ende gegangenen Kapitel der österreichischen Geschichte zu ziehen gedenken: „Angesichts der Tatsache, daß der Anschluß des Jahres 1938 ... durch militärische Bedrohung von außen und den hochverräterischen Terror einer nazifaschistischen Minderheit eingeleitet, einer wehrlosen Staatsleitung abgelistet und abgepreßt, endlich durch militärische kriegsmäßige Besetzung des Landes dem hilflos gewordenen Volke Österreichs aufgezwungen worden ist ...".

Für die Hunderttausenden jüdischen Opfer findet die Erklärung, die eine Art politisches Geschichtsgrundgesetz der Zweiten Republik ist, kein Wort. Namens der Volkspartei unterzeichnet das Dokument niemand anderer als der 74-jährige Leopold Kunschak, der antisemitische Hetzer aus den Aufstiegsjahren seiner Partei.

Die Opferdoktrin ist seitdem zahllose Male wiedergekäut worden. Sie beruft sich auf die Moskauer Deklaration vom Oktober 1943, in der die Alliierten ihren Minimalkonsens für die Endphase des Zweiten Weltkrieges und die unmittelbare Nachkriegszeit festlegten. In diesem Kontext wurde Österreich zugebilligt, das erste Opfer der „typischen Angriffspolitik Hitlers" gewesen zu sein, was als Grund dafür gesehen wurde, dass die Souveränität des Landes wiederhergestellt werden sollte. Zweck dieses Zugeständnisses war es unter anderem, die Loyalität der Ostmärker zum NS-Staat zu schwächen. Regelmäßig verschwiegen wird allerdings in allen Opferdoktrin-Predigten jener unmissverständliche Zusatz, den die Alliierten an das Bekenntnis zur österreichischen Eigenstaatlichkeit hinzufügten: „Österreich wird aber auch daran erinnert, daß es für die Teilnahme am Kriege an der Seite Hitler-Deutschlands eine Verantwortung trägt, der es nicht entrinnen kann, und daß anläßlich der endgültigen Abrechnung Bedachtnahme darauf, wie viel es selbst zu seiner Befreiung beigetragen haben wird, unvermeidlich sein wird."

In dieser Abrechnung steht bei diesem Punkt viel Soll und verschwindend wenig Haben. Wohl eingedenk dieses Defizits proklamierte die Tageszeitung *Neues Österreich*, die von den ersten drei Parteien als Sprachrohr ihres Nachkriegskonsenses gemeinsam herausgegeben wurde, schon im September 1945, wie die Ereignisse der vorangegangenen Jahre zu deuten seien: „In Wahrheit war Wien während der ganzen Nazizeit ein brodelnder Kessel der Auflehnung und Empörung ... Noch immer müssen wir uns den Vorwurf ehemaliger Hitlerhörigkeit anhören, wiewohl er allen geschichtlichen Tatsachen widerspricht." Der Kommunist Ernst Fischer, der als Chefredakteur dieses publizistische Kunststück zu verantworten hatte, bekleidete in der provisorischen Staatsregierung das Amt eines Staatssekretärs für Volksaufklärung und Erziehung.

In diesem Punkt herrschte breiter Konsens, der alle Parteien, alle Generationen und alle Klassen umfasste. Im Februar 1947 verfasste der alte k. u. k. General Theodor Körner, ein Mann mit großer Lebenserfahrung in Krieg und Frieden und zu diesem Zeitpunkt der gravitätische Bürgermeister einer Trümmermetropole, in der *Wiener Zeitung* den kategorischen Leitartikel zur Stadtgeschichte: „Ein für allemal sei festgehalten, daß es, außer den von den Nazis in der Zeit ihrer Herrschaft organisierten Ausschreitungen, Judenpogrome überhaupt niemals gegeben hat ... Es ist in Wien niemals zu antisemitischen Ausschreitungen jenes Umfanges gekommen, wie sie in anderen Ländern schon lange vor der Begründung des Nationalsozialismus auf der Tagesordnung waren, denn der Wiener ist Weltbürger und daher von vornherein kein Antisemit. Antisemitische Tendenzen sind ihm auch jetzt vollkommen fremd."

Auf frischer Tat ertappt und alles abgestritten, mit dieser Gassenjungengesinnung wollte das Nachkriegs-Österreich in der Moskauer Deklaration eine Generalamnestie für das ganze Land erblicken. So wurde sie zum Fundament, auf dem das neue Vaterland, die alte Heimat Österreich, errichtet werden sollte. Allerdings ein sehr instabiles Fundament, auf dem Treibsand historischer Verleugnung gebaut.

Jedes Mal, wenn die notdürftig vernarbte Verbrechensgeschichte aufbricht – was regelmäßig der Fall ist – und eitriger Gestank aus den historischen Wunden dringt, führt der erste Griff zu diesem Allheilmittel in der österreichischen Hausapotheke. Es ist Notfallmedizin und Langzeittherapeutikum zugleich, das allmächtige Tonikum eines Wunderheilers und doch nur ein Placebo: Es hilft dem, der voller Inbrunst daran glauben mag. Das Geschwür kann der historische Schamanentrick freilich nicht bändigen.

Konvolut aus dem Aktenbestand der Israelitischen Kultusgemeinde, der im Jahr 2000 zufällig in einer leerstehenden Wohnung im Haus Herklotzgasse 21 in Wien-Rudolfsheim entdeckt wurde. Photographie

In der Stunde der Befreiung war das einst blühende jüdische Leben in Wien vollkommen ausgelöscht. Die Stadt lag in Trümmern, ihre historische Bausubstanz war großteils nur noch in Konturen zu erkennen. Doch jenes Segment, das einst die Metropole maßgeblich geprägt hatte, war vollkommen verschwunden: Das jüdische Wien war ausradiert. Ganz so, als hätte es nie existiert, wäre nur ein Alptraum der Antisemiten gewesen, aus dem zu erwachen sie sieben Jahre lang Zeit gehabt hatten. Die Generalabsolution, welche sich die Wiener in der Folge viele Jahrzehnte lang erteilten, kam einer *Damnatio memoriae* gleich: Wo es keine Täter gibt, gab es auch keine Tat. Das sollte die sublime Botschaft sein, die nach und nach verinnerlicht werden sollte.

Die Juden waren beraubt, vertrieben, ermordet. Die ganze Dimension des Raubzugs, der Vertreibung und des Völkermordes war damals niemandem ersichtlich. Mindestens 130 000 Menschen waren in die Flucht getrieben worden, mindestens 65 500 in bestialischer Vielfalt, in der Gleichgültigkeit der Todesfabriken ebenso wie bei den Deportationen, aber auch mit sadistischer Hingabe eigenhändig umgebracht worden. In mindestens 60 000 Wiener Wohnungen hatten sich neue Bewohner eingenistet, in zahllosen Läden und Firmen hatten sich neue Chefs und Direktoren eingerichtet, Bibliotheken, Kunstsammlungen, vornehmes Mobiliar und bescheidener Hausrat, das ganze Inventar einer Stadt von der Größe der zweitgrößten Kommune des Landes war in fremde Hände gelangt. In einem Bericht über die im Rahmen der „Entjudung der Ostmark" erfassten jüdischen Vermögenswerte kam die NS-Büro-

Rechts: Hausliste für die Seegasse 9 in Wien-Alsergrund zur Vorbereitung der Deportationen von Wiener Juden aus dem Bestand der Israelitischen Kultusgemeinde
Unten: Jahrzehntelang schlummerten Millionen von Akten der Kultusgemeinde aus der Zeit der NS-Herrschaft in einem vergessenen Depot. Der Bestand dokumentiert die bürokratische Akribie die Ausrottung des Wiener Judentums. Photographie

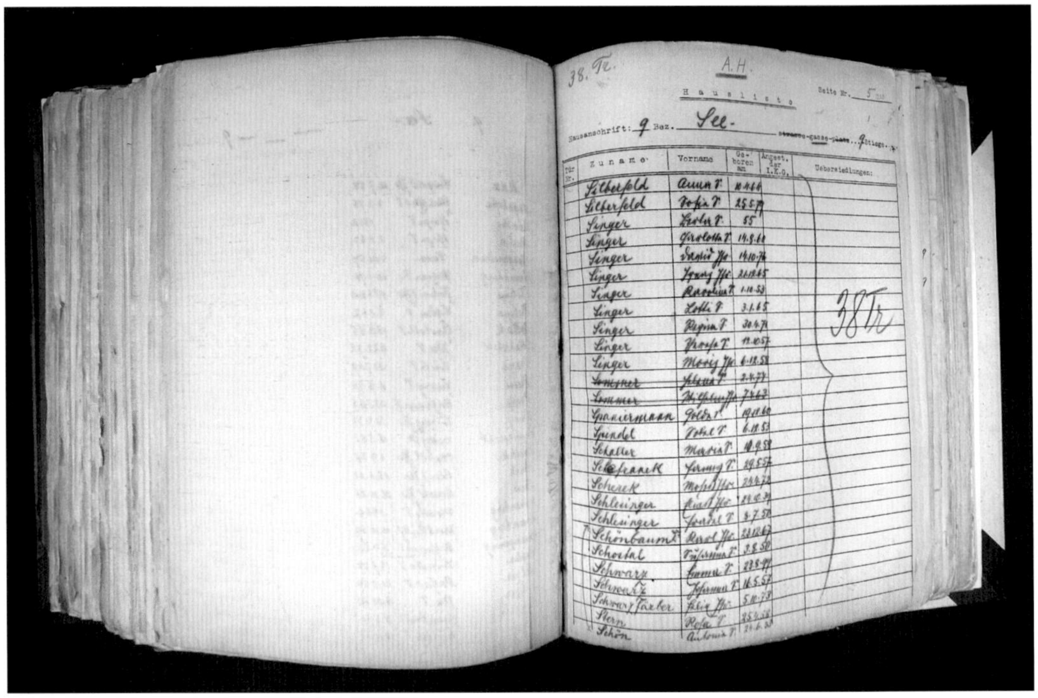

kratie 1939 auf einen Gesamtbetrag von 2042 Milliarden Reichsmark. Im Abstand von über 70 Jahren wäre das mit etwa 10 252 Milliarden Euro zu übersetzen. Später, im Zuge der langwierigen Reparationsverhandlungen, wurde immer wieder zusammengerechnet; es tauchten die unterschiedlichsten Zahlen auf, einmal wurden 312 Millionen Dollar genannt, ein anderes Mal sogar 1,2 Milliarden Dollar, zum Zeitpunkt der Addition eine astronomische Summe.[1] Sie besagt jedoch wenig in ihrer Beliebigkeit.

Die Statistiken, wie viele Menschen dem nationalsozialistischen Terror hatten entgehen können, sind widersprüchlich. Nur eine Handvoll Juden erlebte in Wien die Befreiung. Eine angloamerikanische *Commission for Palestine*, die 1946 Österreich bereiste, spricht von 4500 österreichischen Juden, die sich im ganzen Land aufgehalten haben sollen, davon seien allerdings lediglich „1730 Glaubensjuden". Hinzu kamen 2200 Rückkehrer, die entweder die Konzentrationslager überlebt hatten oder aus dem Exil heimgekehrt waren, sowie rund 4500 Entwurzelte, die in Österreich hängen geblieben waren. Im Jahr 1949 zählte die Kultusgemeinde in Wien etwa 11 000 Mitglieder. Bis heute sollte dieser Höchststand nie wieder erreicht werden.

Die Gemeindefunktionäre, auf welche die Mitglieder der Palästina-Kommission trafen, erschienen den Emissären „schrill und mitleiderregend, selbstanklagend und gebrochen". „Die jüdische Gemeinde von Wien", urteilte der Abschlussbericht, „wird nicht wieder erblühen, die jüdischen Gemeinden in Europa sind so nachhaltig zerstört worden, daß es jedenfalls unmöglich sein wird, sie erneut auszubauen." Und in New York meldete die *Jewish Telegraphic Agency* zwei Jahre später: „Für Juden gibt es kein Leben in Österreich, keine Zukunft." Offen war der Begriff „Liquidationsgemeinde" in Verwendung: eine Gemeinde, die nach Meinung sowohl der Juden in Wien als auch jener in aller Welt aufgelöst werden sollte, nachdem der letzte Holocaust-Überlebende das Land verlassen hatte.

Schon bald nach der Ausrufung des Staates Israel wurden im August 1949 die sterblichen Überreste Theodor Herzls, des Gründers der zionistischen Bewegung, vom Döblinger Friedhof in Wien nach Jerusalem überführt. Das umfangreiche Archiv der

[1] Zu Jahresende 1949 kostete nach dem sogenannten Prämienkurs ein Dollar 26 Schilling (das entspricht 21,58 Euro im Jahr 2012).

Gemeinde, das die NS-Epoche überdauert hatte, folgte und wurde im Zentralarchiv für die Geschichte des jüdischen Volkes verwahrt – erst viele Jahrzehnte später setzten Bemühungen ein, es zurückzuholen. Ein anderer Bestand von 800 Kartons, der die Gemeinde-Aktivitäten während der NS-Zeit dokumentiert, verschwand in einem Vorstadthaus im Vergessen, um erst im Jahr 2000 in desolatem Zustand wieder entdeckt zu werden. So verloren sich nach und nach die letzten Spuren.

Gleichviel fluteten in jenen Jahren jüdische Flüchtlingsströme nach Österreich. Manche der Heimatlosen blieben nur wenige Tage, manche Wochen und Monate, nur wenige ließen sich nieder. Sie alle hatten keinen Ort mehr, an den sie hätten zurückkehren können. Ihre Dörfer und Wohnviertel waren von der nationalsozialistischen Mordmaschine dem Erdboden gleich gemacht worden, sie waren auf oft abenteuerlichen Wegen davongekommen, in Wäldern, bei Partisanen, im Untergrund, waren aus Konzentrationslagern befreit worden oder auf den Todesmärschen, auf welchen die SS in den letzten Kriegsmonaten KZ-Häftlinge vor sich her trieb, nicht zu Tode gekommen. Als ausgemergelte Gestalten zogen sie ziel- und hoffnungslos durch die Nachkriegsordnung. Den meisten war bewusst, dass sie ihr Überleben nur einem Zufall verdankten. Nun war ihre Zukunft ebenso auf Zufälligkeiten angewiesen.

Einer aus diesem Strandgut der Menschheitskatastrophe wankte am Vormittag des 5. April 1945 durch das Tor des Konzentrationslagers Mauthausen in Oberösterreich, dem sich eine Gruppe von Panzern der U.S. Army langsam näherte. „Es herrschte unbeschreibliche Begeisterung", erzählte er später: „Alle rannten zu den Panzern. Auch ich rannte. Aber ich war so schwach, daß ich keine Kraft mehr für den Rückweg hatte. Ich kroch auf allen vieren zurück." Simon Wiesenthal, geboren 1908 in der galizischen Kleinstadt Buczacz, die damals zum Reich der Habsburger gehörte, wog gerade noch 44 Kilogramm.

Oben: Holocaust-Überlebende am Grab von Theodor Herzl in Wien. 1946. Photographie
Unten: Überlebende Insassen des Konzentrationslagers Mauthausen begrüßen die Befreiung durch Panzer der 3. US-Armee. 7. Mai 1945. Photographie

Das „Wunder" seines Lebens verdankte der Architekt, das war ihm zeit seines Lebens bewusst, nur einer Kette glücklicher Zufälle, die ihn auf seiner Odyssee durch den KZ-Archipel begleitet hatten. Daraus leitete er seine neue Berufung ab. Er hatte seine Zukunft gefunden, als er das Rasseln der Panzerketten vernahm: Er würde sich an die Spuren der Mörder heften. Schon wenige Wochen nach seiner Befreiung adressierte er an den „U.S. Camp Commander, Camp Mauthausen" ein achtseitiges Dokument, das aus einer Liste mit den Namen von annähernd 150 NS-Verbrechern bestand, die er aus seinen persönlichen Erinnerungen zusammengetragen oder von anderen Überlebenden in Erfahrung gebracht hatte.

Er beabsichtigte vorerst nicht, dauerhaft im Land der Täter heimisch zu werden. Sein Ziel hieß Palästina. Vorerst nahm er im Camp Mauthausen Quartier, so lange, bis es vor der Schließung stand.

Im August 1948 schrieb er in einer Eintragung in das Erinnerungsbuch eines Mitarbeiters der amerikanischen Flüchtlingslagerverwaltung von dem „Bewußtsein, daß wir bald Österreich verlassen werden und das einzige, was wir mit uns nehmen werden, sind unsere trüben Erinnerungen". Im Frühjahr 1951 kündigte er Bekannten im damals jungen Staat Israel an, er werde bis zum Jahresende wohl auch ausgewandert sein – und blieb, wo er sich befand. Der Frage nach seinen Motiven wich er in späteren Jahren meist mit sarkastischen Bonmots aus. So meinte er einmal: „Der Grund dafür, dass ich nicht in Israel lebe, ist der, dass es dort weder Nazis noch Antisemiten gibt."

„Einige seiner jüdischen Freunde in Wien, gleichermaßen gebürtige Wiener wie zugewanderte aus dem Osten", mutmaßt der israelische Wiesenthal-Biograph Tom Segev über die tatsächlichen Beweggründe, „neigten im hohen Alter zu der Einschätzung, sie hätten sich eigentlich niemals bewusst entschieden, sondern seien einfach hängen geblieben. Der eine hatte ein Haus, der andere ein Pelzgeschäft; dieser wollte nur noch so lange bleiben, bis er seine Entschädigungszahlung geregelt hatte, und jener saß sein ganzes Leben auf gepackten Koffern, wartete darauf, dass sich die wirtschaftliche Lage in Israel besserte oder der Krieg mit den Arabern endlich aufhörte. Dieser war zu alt und hatte das Gefühl, es sei zu spät, um zu gehen, während andere einfach versuchten, ihr Leben in dem Land, in dem sie geboren waren, neu aufzubauen, weil sie sich dort zuhause fühlten, trotz alledem. Das war wohl der Grund, warum Simon Wiesenthal in Österreich blieb: Er fühlte sich dort zuhause. Beinahe von dem Tag an, da er in jenem kleinen Städtchen in der östlichen Provinz des österreichisch-ungarischen Kaiserreiches eine eigene Meinung und Wahrnehmung von sich selbst entwickelt hatte, lebte Wiesenthal in dem Gefühl, das Zentrum seiner kulturellen und politischen Welt befinde sich in Wien ... Und als gebürtiger Österreicher versuchte er auch sein Land vom Hass gegen die Juden zu reinigen."

Oben: Simon Wiesenthal (1908–2005). 1975. Photographie von Erich Lessing
Unten: Bundeskanzler Bruno Kreisky in seinem Kärntner Urlaubsdomizil. 1971. Photographie von Harry Weber

So bildete schließlich das erste Kriegsverbrecherdossier, das Simon Wiesenthal kurz nach seiner Befreiung dem Camp Commander von Mauthausen übermittelt hatte, den Grundstein zu einem Lebenswerk, das ihm, dem ruhelosen Privatdetektiv, in aller Welt Ruhm und Anerkennung bescherte. In seiner neuen Heimatstadt Wien hingegen trug es ihm hauptsächlich Anfeindungen und antisemitische Schmähungen selbst namhafter Politiker ein. Den Höhepunkt dieser Anfeindungen bildete schließlich die Kontroverse mit dem sozialdemokratischen Bundeskanzler Bruno Kreisky. Sie brach aus, nachdem Wiesenthal publik gemacht hatte, dass der freiheitliche Parteichef Friedrich Peter seinerzeit einer SS-Mordbrigade angehört hatte. Zwar hatte der Konflikt einen innenpolitischen Hintergrund (Wiesenthal stand den Konservativen nahe, Peters Partei galt als möglicher Mehrheitsbeschaffer der Sozialdemokraten); doch er artete bald zu einer erbitterten Auseinandersetzung zweier starrköpfiger Egomanen aus, in der zwei diametral entgegengesetzte jüdische Identitäten aufeinanderprallten.

Der rote Großbürgersohn und Heimkehrer aus dem schwedischen Exil war bereits in seinen Jahren als austromarxistischer Student aus der Kultusgemeinde ausgetreten und auf größtmögliche Distanz zu seiner Herkunft gegangen. Nur dieser demonstrative Ablösungsprozess hatte es schließlich ermöglicht, dass ihm eine Mehrheit der österreichischen Wähler 1971 die Regierungsgeschäfte anvertraute. In dieser radikalen Abkehr verbarg sich jedoch weit mehr, als dass Kreisky lediglich dem latenten Antisemitismus Tribut gezollt hätte, den auch sein politischer Gegner bediente. Vielmehr klammerte sich der antizionistische und gottesferne Agnostiker mit aller Kraft an den zersplitterten Traum seiner Kindertage. Mit dem erbitterten Eifer eines Konvertiten weigerte er sich, von jeglicher Erscheinungsform einer jüdischen Schicksalsgemeinschaft vereinnahmt zu werden. Er erteilte sogar den alten Nazis jene Absolution, die sie sich zuvor längst schon selbst erteilt hatten, indem er sie in seine Regierungsmannschaft aufnahm. Er, der charismatische Hoffnungsträger einer ganzen Generation, war wahrscheinlich der letzte Wiener Jude, der unerschütterlich der Illusion der Assimilation huldigte und sie wider alle historischen Lektionen verteidigte.

In seinen letzten Jahren vereinsamte er zunehmend in seinem Altersdomizil auf Mallorca. Auf einer Aufnahme, einem Ikonenbild, das wenige Monate vor seinem Tod gemacht wurde, blickt er entrückt in die Welt, auf seinem Gesicht ruht müde und milde Weisheit. Es ist ein Gesicht, und das ist vielleicht die bittere Ironie seines Lebens, wie es auch von großen Rabbinern in der Erinnerung haften geblieben ist.

Mit seinem Antipoden Wiesenthal hingegen blieb Kreisky über den Tod hinaus unversöhnt. Zu bösartig war der Konflikt eskaliert, zu gegensätzlich waren die beiden Persönlichkeiten, als dass es noch die Chance zu einer Vermittlung gegeben hätte. Wiesenthals Lebensinhalt bestand darin, die Gegenposition, die Kreisky einnahm, zu falsifizieren. Wiesenthal legte täglich seinen Finger auf jene klaffende Wunde, die der andere lediglich als unbedeutende Abschürfung abtun wollte. Wo Kreisky seine jüdische Herkunft eher beiläufig wie ein achtlos zurückgelassenes Souvenir erwähnte, beanspruchte Wiesenthal die Rolle einer allegorischen Figur, in der sich das jüdische Schicksal verkörperte.

Viele Jahrzehnte lang war er, „der Nazi-Jäger", der exponierteste und sichtbarste Jude in Wien, wahrscheinlich häufig auch der einzige Jude, von dessen Existenz viele Wiener überhaupt wussten. Eine Stimme, die Gerechtigkeit einmahnte und welche die Vergangenheit nicht zur Ruhe kommen ließ. Das hörte man nicht gern, auch viele Juden, die weiterhin auf gepackten Koffern lebten, hörten das nicht gerne. Sie waren überzeugt davon, dass es gefährlich sein konnte, wenn man von ihnen und über sie sprach.

Simon Wiesenthal aber erhob unermüdlich seine Stimme, er suchte sich Verbündete in den Medien, bedrängte

Bruno Kreisky (1911–1990) in seinem Altersdomizil auf Mallorca. 1989. Photographie von Konrad Rufus Müller

Politiker, nervte Staatsanwälte, prangerte die laxe Nachkriegsjustiz in Österreich an. Er nannte die Namen der Täter, alte und neue, bekannte und solche, die zum ersten Mal fielen. Auf seine Initiative geht es auch zurück, dass heute auf dem Judenplatz in Wien, genau dort, wo einst die erste Synagoge der Stadt stand, die bei dem Pogrom von 1421 in Flammen aufgegangen war, ein Gedenkmal an die ermordeten Juden von Wien erinnert. Als es nach jahrelangen Querelen endlich 2000 seiner Bestimmung übergeben wurde, ging der damals 90-jährige Spurensucher noch immer seiner gewohnten Tätigkeit nach.

Simon Wiesenthal am Denkmal für die Opfer des Nationalsozialismus, errichtet an der Stelle, an der das Gestapo-Hauptquartier (das Hotel Metropol) am Morzinplatz stand. 1975. Photographie von Erich Lessing

Wenige Wochen vor dem Staatsakt auf dem symbolträchtigen Ort läutete in seinem Büro, das einem chaotischen Depot unüberschaubarer Aktenbestände glich, das Telefon. Ein Überlebender aus Theresienstadt rief aus Kanada an, um Informationen über einen SS-Mann namens Julius Viel zu übermitteln. Er habe beobachtet, wie der Wächter noch kurz vor Kriegsende im Frühjahr 1945 sieben Häftlinge, die einen Panzergraben ausheben sollten, ermordet hatte. Wiesenthal tat, was er in den vorangegangenen 55 Jahren so häufig getan hatte: Er übermittelte seine Informationen an die Strafverfolgungsbehörden. Wäre der ehemalige SS-Untersturmführer einst in Österreich untergetaucht, er wäre mit allergrößter Wahrscheinlichkeit unbehelligt geblieben. Julius Viel hatte sich jedoch in Deutschland als Verfasser von Wanderführern einen Namen gemacht, sogar das Bundesverdienstkreuz am Bande war ihm verliehen worden. Die Zentralstelle zur Verfolgung für NS-Verbrecher machte ihn rasch ausfindig, kein Jahr später wurde der mittlerweile 83-jährige Mörder zu zwölf Jahren Haft verurteilt. Es war der letzte Täter, den Simon Wiesenthal vor Gericht brachte.

Anlässlich seines 90. Geburtstags wurde Wiesenthal von Freunden ein festliches Diner im Wiener Hotel Imperial ausgerichtet. Obwohl er sich sein Leben lang nicht an religiösen Vorschriften orientiert hatte, bestand er darauf, dass die Speisen an diesem Abend koscher auf die Tische kamen. „Der Gedanke, dass das prachtvolle Haus, das einst Hitler beherbergt hatte, nun den Gästen von Simon Wiesenthal ein koscheres Mahl servierte, muss ihn entzückt haben", beschließt sein Biograph Tom Segev diese außergewöhnliche Lebensgeschichte. Es ist eine Biographie, in der sich die komplexe Geschichte all jener Juden, die sich nach der Shoah in Wien angesiedelt hatten, spiegelt.

Ganz Europa wurde in den Nachkriegsjahren von einer Völkerwanderung erfasst. In diesem Millionenheer aus Vertriebenen und verschleppten Sklavenarbeitern bildeten entwurzelte Juden nur eine kleine Kolonne. Überall entstanden Lager für *Displaced Persons*. Das größte dieser DP-Camps für Juden in Österreich war im 1873 eröffneten Rothschild-Spital am Währinger Gürtel in Wien, einer notdürftig adaptierten Bombenruine, eingerichtet worden. Von 1945 bis 1952 diente es 250 000 jüdischen Flüchtlingen, vor allem aus Polen, Rumänien und Ungarn, als kurzfristiger Aufenthalt. Meist war es überfüllt. Es sollte nur Durchgangsstation zu einem endgültigen Reiseziel sein.

Doch anders als die Zwangsarbeiter, die repatriiert werden konnten, und anders als die später aus den Sudetengebieten vertriebenen „Volksdeutschen", die in der Bundesrepublik Deutschland und in Österreich größtenteils mit offenen Armen aufgenommen wurden, wollte sich für die jüdischen Flüchtlinge nirgendwo ein Ort finden, an dem sie ansässig hätten werden können. Der erste Präsident des Komitees der geretteten Juden sprach von einem „Wartesaal": „Hier sammelt sich der Rest des Judentums. Es ist ein schlechter Wartesaal, aber wir hoffen, dass der Tag kommen wird, an welchem man die Juden an ihren Platz führen wird."

Für die Funktionäre der jüdischen Selbstverwaltung in Palästina stand zwar außer Zweifel, dass es für die *sche'erit haplejta*, für den „Rest der Geretteten", ebenso wie für alle übrigen Juden in der Welt nur ein einziges Ziel geben sollte, das war ja der zionistische Grundgedanke. Doch einen Staat Israel gab es noch nicht, und die britische Mandatsverwaltung in Palästina versuchte aus Furcht vor Unruhen um jeden Preis eine Einwanderungswelle zu verhindern. Daher blockierten die Soldaten des Empire überall, wo sie im besetzten Europa dazu in der Lage waren, die Zugangsrouten. Nur in den ersten Wochen nach Kriegsende, als Mitglieder der Jüdischen Brigade der britischen Armee an der Brenner-Grenze stationiert waren, gelang es einer nennenswerten Anzahl von Flüchtlingen die Mittelmeerhäfen für die letzte Etappe ihrer Reise in eine neue Heimat zu erreichen.

Das Problem der überfüllten Vertriebenenlager überforderte die amerikanische Besatzungsverwaltung. Insgeheim ließ sie deshalb die Agenten einer jüdischen Organisation gewähren, die eine Passage für möglichst viele Einwanderer nach Palästina organisieren sollte. Der Mann, der die erste Zelle um sich scharte, war der Leiter des Lagers im Rothschild-Spital, ein resoluter Organisator mit bewegter Vergangenheit. Bronislaw Teichholz, geboren 1914 in Lemberg, hatte nach der Okkupation Polens durch deutsche Truppen eine Zeit lang bei Partisanen in den Wäldern gelebt und sich in den letzten Kriegsjahren nach Budapest durchgeschlagen. Als auch die Juden in der ungarischen Hauptstadt in ein Ghetto gepfercht und anschließend in die Todesfabriken der Nazis deportiert wurden, baute Teichholz ein Untergrundnetzwerk auf. Er schleuste Juden nach Rumänien, richtete Kellerverstecke ein, beschaffte schwedische Personaldokumente oder fälschte massenweise Taufurkunden. Diese praktischen Erfahrungen dienten dem Retter nun bei seiner neuen Tätigkeit. Sein Lager war bald das strategische Zentrum der jüdischen Auswanderung. Einen Monat vor der

Oben: Unterkunft für Holocaust-Überlebende in Wien. Um 1947. Photographie
Mitte: Holocaust-Überlebende aus Rumänien, die in einem Wiener Transitlager darauf warten, von Agenten der Organisation „Ha-Bricha" weitergeschleust zu werden. 1947. Photographie aus der Sammlung von Ephraim Dekel
Unten: Holocaust-Überlebende im Hof des Rothschild-DP-Lagers (ehemaliges Rothschild-Spital) am Währinger Gürtel. Um 1946. Photographie

israelischen Unabhängigkeitserklärung im Mai 1941 berichtete Teichholz stolz, es sei bereits gelungen, 140 000 Flüchtlinge von Österreich nach Palästina zu transportieren. Die meisten dank der fintenreichen Methoden der jüdischen Agenten.

Die Männer der *Bricha* (die Flucht) waren Menschenschmuggler im Namen der Menschlichkeit. Sie agierten im Schatten, lavierten in der grauen Zone zwischen Legalität und offenem Gesetzesbruch. Sie errichteten ein dichtes Netz an sogenannten Standpunkten, über die Flüchtlinge weitergelotst werden konnten. Sie agitierten in den Lagern für das zionistische Wunderland. Sie fälschten Personalausweise und Transportpapiere, schleusten ihre Anbefohlenen durch die sowjetische Besatzungszone in den Westen und weiter durch das von französischen Truppen kontrollierte Tirol. Sogar auf unwegsamen Pfaden über die Krimmler Tauern führten sie die Flüchtlingskarawanen in einem mehrtägigen, beschwerlichen Marsch zu den italienischen Häfen. Sie wurden von jüdischen Hilfsorganisationen, vor allem vom amerikanischen *Joint Distribution Committee*, finanziert. Sie kooperierten mit zionistischen Organisationen und auch mit den österreichischen Behörden, welche die ungeladenen Gäste so schnell wie nur irgend möglich loswerden wollten.

Den Verantwortlichen im Nachkriegsösterreich fielen die Überlebenden zur Last. Nicht nur weil sie die angespannte Versorgung der Bevölkerung mit Nahrungsmitteln erschwerten. Vor allem stellten die jüdischen Flüchtlinge schon allein durch ihre Existenz und ihre ausgemergelte Erscheinung eine lebendige Antithese zu der österreichischen Unschuldsbehauptung dar, die schnell zu einer Litanei in allen Staatsangelegenheiten geworden war. Sie waren der lebende Beweis für das begangene Verbrechen. An ihren Gesichtern konnte man zumindest schemenhaft ablesen, was sich zugetragen hatte. Sie waren ein Fremdkörper in der kollektiven Unschuldsmentalität, sie störten das moralische Heimatidyll.

„Es gab keine Stunde null. Es gab den Bruch nicht, der die deutschen Nachkriegsstaaten durch alle Fasern von der verbrecherischen Struktur, den Denk- und Lebensweisen des Hitlerreiches getrennt hätte“, meinte der deutsche Publizist Jens Jessen in einer Laudatio für den befreundeten Historiker Götz Aly: „Es gab vor allem den Bruch in der Gesellschaft nicht, nicht in ihren Idealen, Vorstellungen und Sehnsüchten. Gewiss, der Antisemitismus, der brach zusammen, jedenfalls in seinen öffentlich möglichen Äußerungen. Was nicht zusammenbrach, war die Idee der Volksgemeinschaft – der egalitäre Grundzug, der den Nationalsozialismus in seinem Wortsinn dem Sozialismus näher brachte, als viele später wahrhaben wollten. Der Nationalsozialismus wurde auf der rechten Seite fixiert, seine linken Elemente nach und nach aus dem historischen Gedächtnis eliminiert. Das war auch bitter nötig, weil der Staat den kleinen Mann, den schon die Nazis gepäppelt hatten, wieder zum Hauptadressaten seiner Politik machte."

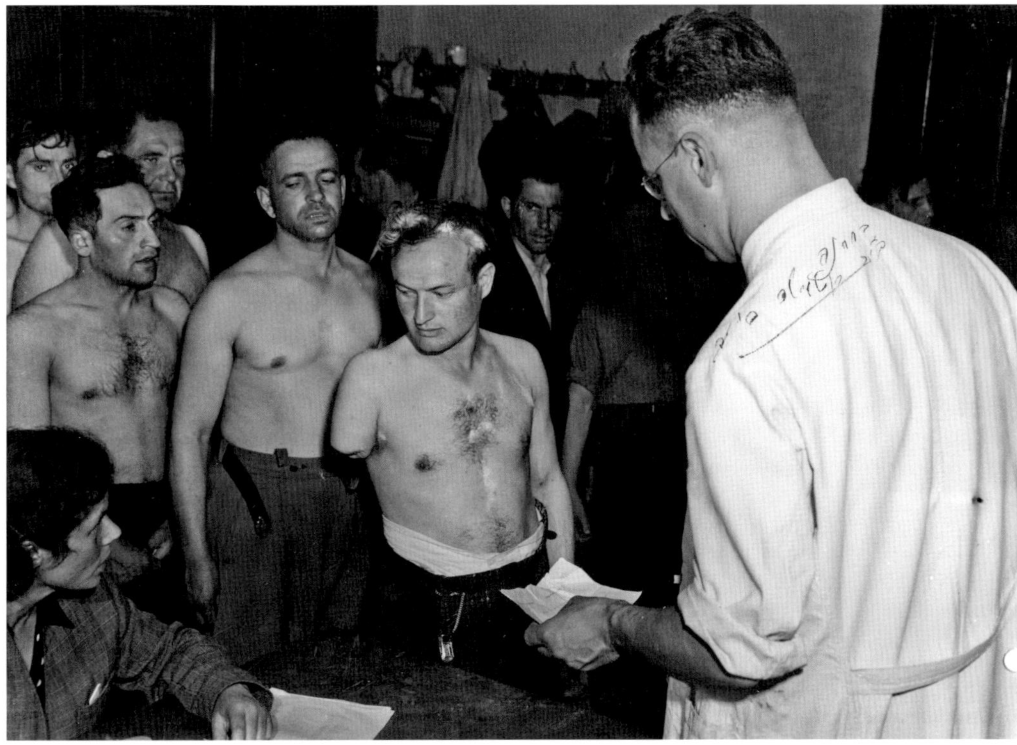

Oben: Holocaust-Überlebende bei einer medizinischen Untersuchung im Rothschild-DP-Lager (ehemaliges Rothschild-Spital) in Wien. Um 1947. Photographie

Gegenüber:
Oben: Jüdische Flüchtlinge aus Osteuropa mit ihren Habseligkeiten auf einer Straße in Wien. Um 1947. Photographie
Mitte: Mitglieder der zionistischen Jugendorganisation „Ha-Shomer ha-Tsa'ir" aus Polen auf der Durchreise im Schlosspark von Schönbrunn. 1947. Photographie
Unten: Demonstration von Holocaust-Überlebenden mit dem jiddischen Banner „Das Volk ruft Euch", um junge Leute zur Auswanderung nach Israel und zur Teilnahme am Unabhängigkeitskrieg zu bewegen. 1948. Photographie

Keine der verbrecherisch organisierten sozialen und materiellen Vorteile sind jemals denen, bei denen sie sich sammelten, angelastet worden. Wer fragte nach dem Pelzmantel, den die Hausfrau bei den Judenauktionen ersteigert hatte? Wer fragte nach den jüdischen Besitzern der Wohnung, in der diese Hausfrau vielleicht noch lange zu niedriger Miete wohnte? Wer fragte nach den akademischen Curricula, die begonnen werden konnten, weil der jüdische Lehrstuhlinhaber seinen Platz räumen musste? Wer fragte je nach all den Aufstiegschancen, die erst durch die politische Säuberung in den Ämtern, durch den Krieg und den Holocaust und die Marginalisierung der alten Eliten ermöglicht wurden? Wer fragte nach den Gründen des sozialen Aufstiegs, der ohne Hitler nicht möglich gewesen wäre und von dem noch heute die Kinder, wenn nicht Enkelkinder profitieren? Wie viele konnten überhaupt nur studieren, weil ihr Vater unter Hitler den ersten Schritt vom Arbeiter zum Angestellten tat? Wie viele konnten ein Unternehmen führen, weil der Vater oder Großvater unter Hitler einen ersten kleinen Laden arisierte? Wie viele sind in der nivellierten Mittelstandsgesellschaft nur deshalb angekommen, weil Hitler ihre Väter oder Großväter emporbrachte? Wer überhaupt nivellierte diese Gesellschaft? „Das ist die große, bittere Pointe", meinte Jessen: „Wir leben in der sozialen Großskulptur, die Hitler hinterlassen hat. Es betrifft jeden von uns, es belastet jeden von uns."

Nur in der ersten Schockphase unmittelbar nach der Befreiung, die allzu viele Österreicher als katastrophale Niederlage empfanden, konnten jüdische Überlebende mit ein wenig Mitleid bei der Bevölkerung rechnen. Bereits im Sommer 1946 hatte sich jedoch die Empfindungslage gewandelt. Da wurde beispielsweise der Dokumentarfilm *Todesmühlen*, der die Gräuel der Konzentrationslager in drastischen Aufnahmen auf der Leinwand zeigte, als alliierte Propaganda abgetan, und einzelne Sequenzen quittierte das Publikum mit „Heil Hitler"-Rufen. Es dauerte nicht lange, bis die antisemitischen Klischeebilder zu neuem Leben erwachten. Die Zeitungen begannen, den weitverbreiteten Schwarzmarkt und Schleichhandel „jüdischen Schiebern" anzulasten.

Brieflich beschwerten sich Bürger bei der Gemeindeverwaltung, die jüdischen Flüchtlinge seien eine „Landplage", verhielten sich „sittenwidrig", lebten „ohne wirksame Aufsicht, Männer, Frauen und Mädchen untereinander", es gehe Seuchengefahr von ihnen aus, sie begingen Eigentumsdelikte und Sachbeschädigungen. „Wol-

Oben: Kongress der politischen Bewegung „Po'alei Zion" in einem österreichischen DP-Lager. Im Hintergrund die Portraits von US-Präsident Harry Truman, Theodor Herzl und Chaim Weizmann, im Vordergrund ein Banner in Hebräisch, Englisch und Jiddisch („Der jüdische Staat macht Schluss mit dem DP-Lagerleben"). 1948. Photographie
Unten: Karl Renner mit sowjetischen Offizieren auf den Stufen des Parlaments in Wien. 1945. Photographie

len sie etwas von den Einheimischen, so geschieht das in frechem, befehlenden Ton und wird das Gewünschte nicht ausgefolgt, so haben sie die Frechheit, selbst danach zu suchen", heißt es in einem Protestbrief: „Sie herrschen hier wie in Feindesland." In gewisser Hinsicht waren sie ja in Feindesland gestrandet. Aber das begriff niemand, der sich als Hitlers erstes Opfer fühlen wollte, durfte, musste.

In Bad Ischl organisierte die lokale Bezirksgruppe der Kommunisten sogar eine „Hungerdemonstration" der Stadtbewohner unweit eines DP-Camps, die zu einem antisemitischen Fanal ausartete. „Hinaus mit den Touristen", „Die Juden werden fett" oder „Hängt die Saujuden auf", plärrte der Mob. Die österreichische Polizei schritt erst ein, als Scheiben eingeschlagen wurden. Wenig verwunderlich, dass die britische Militärverwaltung in einem telegraphischen Bericht nach London zu dem Schluss kam, der Antisemitismus sei schon immer fester Bestandteil der österreichischen Mentalität gewesen, man müsse ihn gleichsam wie eine Naturgegebenheit akzeptieren.

Sogar im achten Jahr nach dem Untergang der staatlichen Ausrottungspolitik lebten die alten Denkmuster fort. „Wir haben uns schon sehr gewundert, als im Zuge der so genannten Befreiung nicht nur wirkliche Amerikaner, sondern auch zahlreiche amerikanisch uniformierte Leute zu uns nach Österreich kamen, die wir früher als sehr linksstehende Sozialisten kennengelernt hatten", geiferte das Parteiorgan der Volkspartei und nahm jene jüdischen Vertriebenen ins Visier, die im Exil in die U.S. Army eingetreten waren und nun als Besatzungssoldaten in ihrer alten Heimat stationiert waren: „Alle Achtung vor dem großen amerikanischen Volk. Keine Achtung aber für Leute, die niemals Österreicher, niemals Amerikaner, sondern immer nur Geschäftemacher, Hetzer und Verhetzer gewesen und geblieben sind. Wir lassen es uns einfach nicht mehr länger bieten, daß Leute, die unser Land schon öfter ins Unglück getrieben haben, nun wieder das alte Spiel beginnen."

Auch österreichische Politiker legten keine Scheu an den Tag. Der sozialdemokratische Innenminister Oskar Helmer, sein Leben lang Antisemit, beschwerte sich bei den Alliierten, die amerikanische Praxis, jüdischen DPs, die nicht arbeiten würden, spezielle Unterkünfte und umfangreiche Lebensmittelrationen zukommen zu lassen, während die hart arbeitenden Österreicher darbten, würde bei der Bevölkerung bittere Ressentiments nähren. Überdies stelle dies geradezu eine Einladung an weitere Flüchtlinge dar, nach Österreich zu kommen.

Bei Gelegenheit dieser Aussprache präzisierte Karl Renner, von den Sowjets als Chef der provisorischen Regierung Österreichs ausersehen, vor dem Leiter der angloamerikanischen Kommission, dem britischen Labour-Abgeordneten Richard Crossman, einem einflussreichen Zionisten, die prinzipielle Haltung der neuen Staatsführung zur Bevölkerungspolitik: „Selbst wenn es Platz gäbe, glaube ich nicht, dass Österreich in seiner jetzigen Stimmung Juden noch einmal erlauben würde, diese Familienmonopole aufzubauen. Sicherlich würden wir es nicht zulassen, daß eine neue jüdische Gemeinde aus Osteuropa hierher käme und sich hier etablierte, während unsere eigenen Leute Arbeit brauchen."

Das Problem bestand noch viele Jahre. Wien war ein Knotenpunkt, an dem sich Flüchtlingsrouten quer durch den verwüsteten Kontinent trafen. Im Mai 1947 beschäftigte der Zustrom, der nicht abebben wollte, beispielsweise auch das Regierungskollegium von Bundeskanzler Figl. „Der Zuzug aus Ungarn und Jugoslawien hält an", berichtete Innenminister Helmer in einer Kabinettssitzung. Es seien vor allem rumänische Juden, die daheim ein Pogrom befürchteten und über Ungarn in den Westen flüchten würden. Tatsächlich handelte es sich um Hungerflüchtlinge, die der Minister mit jenen Abertausenden Juden aus Polen verwechselte, die im Jahr zuvor nach einen Pogrom in Kielce in Wien eingetroffen waren.

Die ungarischen Behörden, so klagte Oskar Helmer in der Regierungssitzung, würden die jüdischen Flüchtlinge nicht daran hindern, nach Österreich zu ziehen. Im Gegenteil, sie lieferten sie sogar Tag für Tag in Zügen im Burgenland ab, kuppelten die Lokomotiven ab und überließen die obdachlosen Passagiere in den Waggons den überforderten Österreichern: „Die Einwanderung hat einen solchen Umfang angenommen, daß zu befürchten ist, daß ganz Österreich von den Juden überflutet wird."

Die Minister wussten keinen Rat, wie sie mit den unerwünschten Besuchern umge-

Oben: Empfang für den ersten für Österreich ernannten Konsul des Staates Israel im Bindermichl-DP-Lager bei Linz am 8. August 1948. Photographie

Unten: Gedenkversammlung von Holocaust-Überlebenden für die Opfer des Nationalsozialismus in einem österreichischen DP-Lager, organisiert von „Po'alei Zion". Im Hintergrund Portraits von vier Mitgliedern der jüdischen Partisanenbewegung während der Shoah, mit Josef Kaplan (rechts) und Eliezer Geller (zweiter von links), auf dem Banner die hebräische Inschrift „Sühne für das Blut unseres Volkes – 6 Millionen Opfer". Um 1948. Photographie hen sollten. „Uns fehlt es an Unterkunftsmöglichkeiten“, klagte der Kanzler. Allerdings war das Problem heikel, bestand doch die Gefahr, dass die internationale Stimmung sich gegen Österreich wendete, das erfolgreich an seinem Opferimage arbeitete. „Wir müssen nun recht vorsichtig sein“, ermahnte deshalb Innenminister Helmer seine Kollegen, „es bleibt uns nichts anderes übrig, als daß wir die Juden anständig behandeln“. In seinem Schlusswort fand Leopold Figl, selbst dem NS-Terror nur mit knapper Not entkommen, einen tröstlichen Aspekt in der Misere: „Es muß doch etwas in Österreich gut sein, da alle Flüchtlinge nach Österreich kommen. Darüber muß man wirklich staunen!“

Als einer der Letzten aus dem rumänischen Exodus erreichte ein junger Dichter aus Czernowitz im Winter 1947 Wien. Er hatte die Deportation in ein Konzentrationslager in Transnistrien überlebt und war zwei Jahre in Bukarest als Übersetzter tätig gewesen. Im neuen Rumänien, wo gerade die Kommunisten die Macht an sich gerissen hatten, sah er keine Zukunft für sich und seine Kunst. Er fühlte sich als „alter Austriake, und somit Nichtösterreicher“. Wien, der Sehnsuchtsort der deutschsprachigen Juden aus den Tagen der Monarchie, erschien ihm ein erreichbares Ziel zu sein, um sein Dichterleben fortzuführen. Es gebe nichts in der Welt, erklärte er seinen Bekannten, „um dessentwillen ein Dichter es aufgibt, zu dichten“. Selbst wenn er Jude sei und die Sprache seiner Lyrik ausgesprochen Deutsch: „Nur in der Muttersprache kann man die eigene Wahrheit aussagen, in der Fremdsprache lügt der Dichter.“

Wie die meisten der rund 40 000 jüdischen Flüchtlinge aus Rumänien hatte er sich zu Fuß auf den Weg gemacht. Er war nahezu sechs Wochen unterwegs, eine beschwerliche Wanderschaft, stets in Gefahr, auch noch der letzten Habseligkeiten

Der Kritiker Hans Weigel (1908–1991) am Stammtisch im Café Hawelka. 1956. Photographie von Franz Hubmann

beraubt zu werden. Für ein kleines Vermögen halfen Schmuggler ihm die Grenzen zu überwinden, auf dem Marsch durch ein winterliches Ungarn nächtigte er in verlassenen Bahnhofsgebäuden und Kriegsruinen. Am 17. Dezember 1947 wurde Paul Antschel im Camp Rothschild registriert. Er trug keine Identifikationspapiere bei sich, nur einen Rucksack voller Manuskripte und ein Empfehlungsschreiben seines Mentors, in dem der Neuankömmling dem kleinen Wiener Literatenzirkel als „der Dichter unserer westöstlichen Landschaft" angepriesen wurde.

In seinem Rucksack befand sich die Niederschrift eines Gedichtes, das er unmittelbar nach seiner Befreiung aus dem Konzentrationslager zu Papier gebracht hatte. Heute ist es das literarische Mahnmal der Shoah schlechthin. „Er ruft spielt süßer den Tod der Tod ist ein Meister aus Deutschland / er ruft streicht dunkler die Geigen dann steigt ihr als Rauch in die Luft / dann habt ihr ein Grab in den Wolken da liegt man nicht eng", heißt es in der *Todesfuge*. Einige Monate zuvor, als das Gedicht in rumänischer Übersetzung in einer Zeitschrift in Bukarest erstmals veröffentlicht worden war, hatte der Dichter auch zum ersten Mal mit seinem neuen Namen unterzeichnet: Paul Celan.

Paul Celan (1920–1970). Um 1960. Photographie

„Eines Tages erschien in der Redaktion ein junger Mann mit schmalem Gesicht und dunklen, traurigen Augen", erinnerte sich der Schriftsteller Otto Basil, der damals die ambitionierte Literaturzeitschrift *Plan* herausgab: „Er sprach mit leiser Stimme, wirkte bescheiden, verhemmt, beinahe furchtsam. Er machte einen verhungerten und abgerissenen Eindruck." Der *Plan* war eine Ausnahmeerscheinung im literarischen Wien der ersten Nachkriegsjahre. Dort fühlte man sich der Avantgarde verpflichtet, der fackelrote Umschlag sollte die aufrechte Gesinnung signalisieren, der kleine, exklusive Kreis hatte sich vorgenommen, „den geistigen Schutt" der Nazi-Jahre zu beseitigen. Die Auflage überstieg nie 2000 Exemplare. Schon in der dritten Ausgabe veröffentlichte die Redaktion einen pathetischen Aufruf: „Wir rufen die jüdischen Autoren, Dichter, Wissenschaftler, Politiker Essayisten und Künstler hiermit auf, ihr Wort in Österreich für den ersten Tag der Weltrunde zu erheben!" Der einsame Appell verhallte weithin ungehört. In dieser Runde war der Dichter der *Todesfuge* willkommen. Die Zeitschrift veröffentlichte einige seiner Gedichte, er las vor verschworenem Publikum.

„Er ist plötzlich dagewesen, in unserer Runde eingebrochen", glaubte sich der Paradeheimkehrer Hans Weigel später mit gewisser Verklärung erinnern zu können, „ein wüster Geselle und Rebell, laut, lärmend, unbekümmert". Der Kritiker Weigel fungierte damals als Literaturpapst in Wien, er hielt im Café Raimund Hof und hatte die allgemeine Versöhnung zu seiner wichtigsten Aufgabe gemacht. In seinem Kreis sollte tunlichst die unmittelbare Vergangenheit nicht zur Sprache gebracht werden. Paul Celan besuchte einige Male diese Zusammenkünfte. „Geschwätz und Diskussionen, die mich nicht interessierten, sonst nichts", berichtete er seinem Mentor nach Rumänien.

Er wahrte skeptische Distanz, die literarische Gemeinschaft schien ihm wenig vertrauenswürdig. Da saß beispielsweise auch Werner Riemerschmid mit am Tisch, jener Mann, der in den Nazi-Jahren für die Literatursendungen im Radio verantwortlich gezeichnet hatte. Man hielt ihm allerdings zugute, er sei lediglich aus Karrieregründen der NSDAP beigetreten und dabei „anständig" geblieben. Celan suchte sich lieber ein Ausweichquartier im Café Casa piccola.

Die Kaffeehauskultur früherer Jahre war ohnehin verödet. Viele der einst berühmten Lokalitäten waren zerstört, die Stammgäste vertrieben und ermordet, niemand saß dort mehr über Manuskripte gebeugt an den Marmortischen. Hilde Spiel, mittlerweile britische Staatsbürgerin, kehrte als Kriegskorrespondentin des *New States-*

Die Schriftstellerin und Journalistin Hilde Spiel (1911–1990). 1967. Photographie von Otto Breicha

man nach Wien zurück und bemerkte sofort die veränderte Atmosphäre, die nun an den Stätten ihrer Jugend eingezogen war. Erstaunt traf sie auf „Menschen meines Bildungsgrades, die ein bäuerliches Idiom oder Vorstadtdialekt sprachen und mein wienerisch gefärbtes Hochdeutsch bestaunten, als wäre eine Figur aus einem verschollenen Gesellschaftsstück von Schnitzler oder Bahr in ihren Alltag eingekehrt", wie sie in dem Erinnerungsbericht *Zeit der Ruinenblumen* resümierte.

Mehr und mehr fühlte sich Paul Celan in diesem Wien falsch am Ort. Er hatte sich ja auf die Reise gemacht, um seine Gedichte veröffentlicht zu sehen, doch ihm wurde versichert, Lyrik sei in den prekären Mangeltagen vollkommen unverkäuflich. Ein erster Versuch scheiterte, nachdem der Verlag den Druckkostenzuschuss, den Celan zusammengekratzt hatte, veruntreute. Als der zweite Versuch glückte und seine erste Gedichtsammlung *Der Sand aus den Urnen* – wieder gegen Vorauskasse – in der kleinen und unbekannten Verlagsbuchhandlung A. Sexl erschien, hatte der desillusionierte Dichter die Stadt bereits wieder verlassen und war nach Paris weitergezogen. Das schmale Buch war voller entstellender Druckfehler. Entsetzt telegrafierte Celan nach Wien, der Band müsse sofort aus dem Verkehr gezogen werden.

Erst vier Jahre später erhielt der Dichter die Schlussabrechnung seines Verlages: Neun Exemplare waren verkauft und fünf Pflichtexemplare bei Bibliotheken abgeliefert worden, die restlichen 320 Exemplare waren zum Altpapier gewandert. Daraus ergab sich ein Erlös von 146 Schilling: 90 Schilling für die verkauften Exemplare und 56 Schilling für das Altpapier. „Das Erreichbare, fern genug, das zu Erreichende hieß Wien", zog er später die ernüchterte Bilanz seines fünf Monate langen Aufenthaltes: „Sie wissen, wie es dann durch die Jahre auch um diese Erreichbarkeit bestellt war."

Kaum einer der jüdischen Flüchtlinge, die in Wien oder Österreich gestrandet waren, hegte je die Illusion, er sei hier willkommen. Schon im Dezember 1945 hatte der christlichsoziale Veteran und nunmehrige Parlamentspräsident Leopold Kunschak erste Protestkundgebungen gegen die Anwesenheit der entwurzelten Juden organisiert. Sie gaben den Ton für die künftige Stimmungslage im Land vor. „Die polnischen Juden sollen nicht nach Österreich kommen, wir Österreicher brauchen aber auch die anderen nicht!", polterte der Volksredner Kunschak unter dem Beifall Tausender Manifestanten und bekannte stolz am Ende seiner Brandreden: „Ich bin immer ein Antisemit gewesen und bin es auch heute noch!" Ausländische Irritationen über diese Äußerungen versuchte Bundeskanzler Figl mit dem Hinweis zu beschwichtigen, sein Parteifreund sei ja nicht aus rassischer Gesinnung Antisemit, sondern lediglich aus ökonomischen Gründen.

Dieser Gründungsvater der Österreichischen Volkspartei durfte davon ausgehen, einer Meinung mit einem großen Teil seiner Landsleute zu sein. Als die Alliierten im Mai 1948 eine Meinungsumfrage in den amerikanischen und britischen Besatzungssektoren Wiens durchführten, behaupteten – Opferdoktrin hin, Opferdoktrin her – immer noch 40,6 Prozent der Befragten, der Nationalsozialismus sei „eine gute, aber schlecht realisierte" Idee gewesen. 44 Prozent stimmten der Aussage zu, die Nazis seien „in der Behandlung der Juden zu weit gegangen, aber irgendetwas musste geschehen, um sie in Schranken zu halten". 46 Prozent der Befragten meinten überdies, dass „die Juden nicht mehr zurückkehren sollten".

Bei diesem Bodensatz an unerschütterlichen Mentalitätsmustern wurde der von den Besatzungsmächten eingeleitete Prozess der Entnazifizierung nicht einmal halbherzig vorangetrieben. Nachdem das NS-Verbotsgesetz von 1947 die Kategorie der „Minderbelasteten" eingeführt hatte, blieben von den mehr als 500 000 österreichischen NSDAP-Mitgliedern (nicht mitgerechnet die Hunderttausenden von Aufnahmeanträgen, die aufgrund der Mitgliedersperre der NSDAP nicht mehr berücksichtigt wurden) lediglich 42000 registrierungspflichtige Nazis über, die noch einige Jahre gewisse Einschränkungen ihrer bürgerlichen Rechte auf sich nehmen mussten. Der große Rest kam in den Genuss einer Generalabsolution. Bei den bevorstehenden Wahlen verfügten die Pardonierten bereits wieder über das Wahlrecht, wurden von allen Politikern umworben und bildeten eine eigene Partei, die auf Anhieb 11,7 Prozent der Stimmen errang.

Einig waren sich Politik und Bevölkerung auch in der Frage der Rückstellung des Eigentums, das den Wiener Juden geraubt worden war. In fast allen Gesellschaftsschichten saßen die Profiteure der gewaltsamen Enteignung. Niemand wollte etwas von Restitution wissen. Unverhohlen drohten 1946 die *Österreichischen Monatshefte*, eine Publikation, in der die Volkspartei grundsätzliche Fragen erörterte: „Juden Österreichs werden gerade durch ihr maßvolles Verhalten, das sie an den Tag legen, unserem ganzen Volk ihre edle Gesinnung beweisen können. Mit viel Takt und Verantwortungsbewußtsein muß ans Werk gegangen werden, sollen nicht die jahrhundertealten Instinkte der Masse wieder geweckt werden."

Als sich auf alliierten Druck schließlich die Rückgabe gewisser Vermögenswerte nicht ganz vermeiden ließ, wurde eine weitere Opferkategorie geboren: die „Rückstellungsbetroffenen", die sogar einen eigenen Verband zur Durchsetzung ihrer Interessen ins Leben riefen. Letztere bestanden darin, unrechtmäßig angeeignete Vermögenswerte zu verschleiern, Ahnungslosigkeit zu beteuern und möglichst wenig von dem wieder preiszugeben, was in dem großen Raubzug erbeutet worden war.

In insgesamt sieben unterschiedlichen „Rückstellungsgesetzen" wurden hohe bürokratische Hürden errichtet und den in aller Welt verstreuten Überlebenden unrealistisch kurze Fristen gesetzt, um ihr entwendetes Eigentum zurückzufordern. „Dieses Dickicht zu durchdringen bedurfte es eines finanziellen und mentalen Kraftaktes", urteilte eine österreichische Historikerkommission, welche die Nachkriegspraxis ein halbes Jahrhundert später unter die Lupe nahm.

Von allem Anfang an erklärte sich die österreichische Regierung vorsichtshalber offiziell für unzuständig: „Österreich haftet aber auch materiell nicht für die während der deutschen Besetzung den Juden an ihrem Leib, Leben oder Vermögen zugefügten Schaden, da es damals infolge seiner gewaltsamen Besetzung durch Deutschland keine eigene Regierung gehabt hat, die diese Verfolgung hätte hindern können", beharrte das Außenministerium. In einem Brief vom 13. November 1953 klärte der damalige Bundeskanzler Julius Raab den Präsidenten des *World Jewish Congress*, Nahum Goldmann, darüber auf, dass dem Land gestern wie heute die Hände gebunden seien: „Die österreichische Bundesregierung bedauert, daß es nach der Besetzung Österreichs zu Verfolgungsmaßnahmen gekommen ist ... Das was Österreich in den folgenden Jahren getroffen hat, hat die gleichen Wirkungen wie eine Naturkatastrophe; Österreich ist nicht aus eigener Kraft imstande, die Schäden und auch nur die Not zu lindern, die in diesen Jahren hervorgerufen wurden."

Vor allem die USA bestanden jedoch in der Endphase der Staatsvertragsverhandlungen darauf, dass Österreich mit den jüdischen Opferverbänden über eine zumindest teilweise Abgeltung der geraubten Vermögenswerte Einigung erzielte. Diese sei eine Voraussetzung für die Ratifizierung des ersehnten Dokuments, bedeutete das State Department in Washington.

Der sanfte Druck genügte, um postwendend antisemitische Reflexe auszulösen: „Bei Emigranten denkt man an rachsüchtige Personen", meinte etwa eine Wiener Tageszeitung und eine andere, der *Wiener Montag*, ergänzte, die Juden wollten aus

Rabbiner beim Studium einer Miniaturausgabe des Alten Testaments in einer Wiener Straßenbahn. 1993. Photographie von Harry Weber

ihrer Verfolgung doch nun nur „saftigen Profit schlagen“: Zahlungen an „gutsituierte, autofahrende Emigranten in den USA“ seien mithin grundsätzlich abzulehnen. Vor diesem Hintergrund wunderte es den Bund Werktätiger Juden, die sozialdemokratische Fraktion der Kultusgemeinde, „daß Österreich nicht noch Ansprüche an die Juden, an die jüdischen Weltorganisationen, stellt“.

Die Regierung musste wohl oder übel, wollte sie die Unabhängigkeit des Landes erlangen, zumindest einen Minimalkompromiss erzielen. Der antisemitische Pragmatiker Oskar Helmer wusste, dass man sich mit einer geflunkerten Unschuldsmiene nicht vollständig aus der Verantwortung würde ziehen können. „Was den Juden weggenommen wurde, kann man nicht auf die Plattform Großdeutsches Reich bringen. Ein Großteil fällt schon auf einen Teil unserer lieben Landsleute zurück“, erklärte er im Ministerrat seinen Kollegen. Er riet zu einer Hinhaltetaktik: „Ich wäre dafür, daß man die Sache in die Länge zieht. Die Juden werden das selbst verstehen, da sie im klaren darüber sind, daß viele gegen sie Stellung nehmen.“ Nach zähen und mit allen Beteuerungen geführten Gesprächen kam man schließlich überein, Österreich werde in den folgenden zwölf Jahren insgesamt 550 Millionen Schilling in einen Hilfsfonds einzahlen – knapp 2750 Schilling für jeden Einzelnen der Ermordeten oder Vertriebenen.

Als dann Leopold Figl am 15. Mai 1955 „Österreich ist frei!“ vom Balkon des Schlosses Belvedere rufen konnte, schwante der kleinen Kultusgemeinde, dass sie in dieser Stunde ihre letzte Schutzmacht verloren hatte. Nun werde Österreich darangehen, „die gesamte Besatzungshypothek abzubauen“, wurde befürchtet. Gemeint waren die zahlreichen Gesetze zur Entnazifizierung, Wiedergutmachung oder Demokratisierung, die in den vorangegangenen Jahren ausschließlich auf alliierten Druck hin erlassen worden waren. Tatsächlich stellten die Volksgerichte zur Ahndung von NS-Verbrechen unverzüglich ihre Tätigkeit ein (in den zehn Jahren zuvor waren 13 852 Urteile ergangen, darunter 43 Todesurteile, von denen 30 vollstreckt wurden). Die meisten Verurteilten, die sich noch in Haft befanden, wurden ohne großes Aufsehen begnadigt. Eine Generalamnestie tilgte jeden Makel einer Nazi-Vergangenheit, auch Massenmörder wurden freigesprochen und auf den Schultern ihrer Anhänger aus dem Schwurgerichtssaal getragen, die Blutrichter unter dem Hakenkreuz durften wieder Urteile fällen, nun eben im Namen der Republik. Die alten NS-Eliten aus Verwaltung, Wirtschaft, Forschung oder Lehre tauchten wieder aus ihrer Versenkung auf und rückten in einflussreiche Positionen hoch, sogar ein Hilfsfonds für vermeintliche „Opfer der Entnazifizierung“ wurde eingerichtet.

Die kleine jüdische Gemeinde in Wien konnte bei dieser endgültigen Entsorgung der Vergangenheit nur hilflos zusehen. Die Welt glühte im globalen Konflikt der ideologischen Blöcke. Was sich in einem hintereuropäischen Winkel namens Österreich zutrug, kümmerte niemanden. Juden verfügten über keine Stimme in diesem sehr eigenwilligen Selbstreinigungsprozess, schon allein deshalb, da sie „infolge ihrer so geringen Zahl weder einen politischen noch einen wirtschaftlichen noch einen kulturellen Faktor“ darstellten, wie die Gemeinde-Funktionäre erkennen mussten: „Die Juden in Österreich sind den politischen Parteien unbequem, da ja durch ihr bloßes Vorhandensein das von allen Parteien angestrebte gute Verhältnis zu den ehemaligen oder auch unverbesserlichen Nationalsozialisten gestört wird.“

Zwangsläufig fühlte sich die kleine jüdische Gemeinde in Wien der Gunst oder Missgunst der Bevölkerung ausgeliefert. Die Masse der Flüchtlinge hatte das Land längst wieder verlassen, die überschaubare Gruppe, die zurückgeblieben war, bildete eine marginale Größe. Die Wiener Juden befanden sich dennoch in einer prekären Situation. Ihre Anwesenheit fiel zwar nicht weiter ins Gewicht, doch ließ ihre schiere Präsenz das schlechte Gewissen im Land der Täter nicht zur Ruhe kommen.

Und so taten sie, was Juden in den Jahrhunderten zuvor stets in Zeiten eines allzu trügerischen Friedens getan hatten: Sie zogen sich aus der Öffentlichkeit zurück, rückten zusammen, bildeten hermetische Zirkel. Sie blieben unter ihresgleichen, häufig orientierte sich das soziale Zusammengehörigkeitsgefühl an der gemeinsamen Herkunft aus einer bestimmten osteuropäischen Region. Juden aus Rumänien pflegten vor allem mit anderen rumänischen Juden Umgang, Polen mit Polen, Ungarn mit Ungarn. In diesem Mikrokosmos bewahrten sie die Eigenheiten der jeweiligen Ursprungsgemeinde am Leben, die Sprache, die religiösen Sitten und die profanen Bräuche. Oft war es ein ewiges Nichtankommen. An den Rudimenten der alten Heimat hielten viele bis ins hohe Alter fest.

Oben: Bar Mizwa-Feier im koscheren Restaurant Weihburg. 1962. Photographie von Margit Dobronyi

Unten: Essensgesellschaft im koscheren Restaurant Weihburg. Um 1965. Photographie von Margit Dobronyi

Die Gesellschaftsfotografin Margit Dobronyi, die nach der Niederschlagung des ungarischen Aufstandes von 1956 in Wien Zuflucht gefunden hatte, war in diesen Jahren bei nahezu allen sozialen Anlässen der Wiener Gemeinde zugegen, bei fast jeder Bar Mizwa, jedem Hochzeitsfest, jeder Familienfeier. Die Aufnahmen in ihrem umfangreichen Archiv zeigen immer wieder dieselben Gesichter an denselben Orten, eine verschworene Gemeinschaft. In den kargen Räumen fehlt häufig die Fröhlichkeit. Die Menschen posieren steif, blicken meist ein wenig abwesend, aber fest und ernst, als wollten sie für die Fotografie ihre wiedergewonnene Würde betonen.

Die Herren tragen in der Regel Hüte, sind aber selten bärtig und erinnern kaum je in ihrer Erscheinung an die Tradition des orthodoxen Judentums. Sie legen ganz offensichtlich großen Wert auf makellose Kleidung, die weniger elegant als vielmehr altväterlich korrekt wirkt. Erst auf späteren Aufnahmen zieht der Schick der jeweiligen Zeit ein. Die Damen hingegen treten schon früher etwas modischer auf, als wollten sie ein wenig Eleganz ausstrahlen in die graue Zeit. Auch die Kinder sind adrett herausgeputzt, nahezu geschniegelt, kleine Vorzeigewesen, welche die Zukunft verkörpern. Die Aufnahmen der umtriebigen Fotoreporterin sind die Innenansicht einer Lebenswelt, von der kaum jemand in der Stadt Kenntnis besaß oder sie wahrnahm.

Am liebsten wären die Juden in ihrem Wiener Mentalitätsghetto unsichtbar gewesen. Je weniger sie in Erscheinung traten, desto geringer war die Gefahr, in Schwierigkeiten zu geraten. Die Infrastruktur der Kultusgemeinde beschränkte sich auf ein Minimum, ihre Funktionäre gingen allen Konflikten aus dem Weg und hofften, ein möglichst kleinlautes Verhalten werde die schlummernde Bestie des Antisemitismus nicht reizen. Kaum einer – mit Ausnahme von Simon Wiesenthal selbstverständlich – hätte es gewagt, selbstbewusst aufzutreten oder Rechte einzufordern, die über den allgemeinen Grundkonsens, der sich mehr oder weniger auf das Existenzrecht der Juden beschränkte, hinausgegangen wären.

Der Schriftsteller Jean Améry (1912–1978). Um 1970. Photographie

Es waren Schtetl-Zeiten in den geschäftigen Wiederaufbaujahren. Ringsum entwickelte sich langsam ein neues, spezifisches Österreich-Gefühl, ein Selbstbewusstsein im Ansichtskartenformat, dessen kleinster gemeinsamer Nenner in der Überzeugung bestand, die Heimat sei letztlich doch ein vom Himmelsvater bevorzugter Flecken. Für Vergangenheit musste imperialer Kitsch, ab und zu auch ein wenig Landser-Nostalgie herhalten. Für die Grauen der jüdischen Erinnerungswelt fand sich in dieser Idylle selbstverständlich nicht der kleinste Winkel. Schon allein deshalb blieben Juden ausgeschlossen aus der kollektiven Heimatfilm-Mentalität.

Die meisten Überlebenden befanden sich in den ersten drei, vier Jahrzehnten nach der Shoah ohnehin nur auf Abruf in Wien, verschoben täglich die Entscheidung, ob sie gehen oder bleiben sollten, auf den nächsten Tag, den nächsten Monat, das nächste Jahr. So wurden sie ansässig, aber nicht heimisch, bauten sich neue Existenzen auf, gründeten Familien, ohne dadurch ein Zugehörigkeitsgefühl zu dem Ort, an dem sie lebten, zu entwickeln.

Anderseits sah der überwiegende Teil der Wiener in der kleinen jüdischen Gemeinde auch nicht seinesgleichen, sondern einen Fremdkörper, dem sie misstrauten. Noch 1973 erklärten 41 Prozent der Befragten in einer Meinungsumfrage, Juden seien „Ausbeuter, die von der Arbeit anderer leben", und 45 Prozent meinten, „bei Juden weiß man nie so genau, woran man ist".

In dieser Atmosphäre mussten sich die Juden, gleichgültig ob fromm, lediglich oberflächlich religiös oder gänzlich gottesfern, gleichgültig auf welchem sozialen Status sie sich befanden oder welcher Lebensorientierung sie folgten, erstmals wieder als homogene Gruppe empfinden. Ihre jüdische Identität war über alle Unterschiede hinweg von der Shoah geprägt. Sie gehörten einer Schicksalsgemeinschaft an, selbst jene, die sonst keinerlei Zugehörigkeitsgefühl zu jüdischen Traditionen oder ihrer jüdischen Herkunft besaßen. Eine jüdische Herkunft hatte, nicht nur in Wien, einen vollkommen neuen Bedeutungszusammenhang erhalten. Aus diesem Bindungszwang gab es kein Entrinnen. Es war eine neue und dauerhafte jüdische Identität, die über alle anderen darübergestülpt wurde.

Kaum jemand hat sich über dieses neue Identitätsmuster, das allen Juden aufgezwungen wurde, mit derart erschreckender Kompromisslosigkeit zermartert wie der Schriftsteller Hans Mayer, der später seinen nome de guerre aus der Résistance, Jean Améry, führte. Er nannte es „mein Katastrophen-Judesein": „Ich trage auf meinem linken Unterarm die Auschwitz-Nummer; die liest sich kürzer als der Pentateuch oder der Talmud und gibt dennoch gründlicher Auskunft", erklärte er 1966 in seinem Essayband *Jenseits von Schuld und Sühne*: „Sie ist auch verbindlicher als Grundformel der jüdischen Existenz. Wenn ich mir und der Welt, einschließlich der religiösen und nationalgesinnten Juden, die mich nicht als einen der Ihren ansehen, sage: ich bin Jude, dann meine ich damit die in der Auschwitznummer zusammengefaßten Wirklichkeiten und Möglichkeiten."

Es war für Améry „Zwang und Unmöglichkeit", Jude zu sein. Der Sohn eines Handlungsreisenden, Jahrgang 1912, dessen Vater in der Uniform der Tiroler Kaiserjäger im Ersten Weltkrieg gefallen war, wuchs fern jeder jüdischen Sozialisation auf. Seine Mutter, eine Katholikin, war erst bei ihrer Heirat zum Judentum übergetreten. Im Heim der Kriegerwitwe hieß es häufig „Jessasasmariandjosef", wozu, wie sich Améry später erinnerte, „bei uns auch meist guter Grund vorhanden war". Einen Teil seiner Kindheit verbrachte er in Lederhosen und Trachtenjoppe in Bad Ischl, wo ihn in der Volksschule vor allem der katholische Religionsunterricht begeisterte – der einzige Gegenstand, in dem er glänzte.

Später flog der junge Träumer vom Gymnasium, Bildung erwarb er sich im Volksbildungsnetzwerk des Roten Wien. Er geriet in die Schriftstellerszene, begann eigene literarische Versuche, sein erster Roman *Die Schiffbrüchigen* entstand 1935, ein frühreifes, überambitioniertes Erzählwerk, das überall in der aufgewühlten Geisteswelt jener Jahre Anleihen nehmen will. Drei Jahre später beschloss er, sich nicht von der NS-Herrschaft vertreiben zu lassen. Doch als ihm jene seiner Freunde, die schon schwarze SS-Uniformen trugen, nahe legten, das Weite zu suchen, folgte er dem Rat. „Jude sein, das hieß für mich von diesem Anfang an, ein Toter auf Urlaub zu sein, ein zu Ermordender, der nur durch Zufall noch nicht dort war, wohin er rechtens gehörte", resümierte er Jahrzehnte später in seinem Essay, das vermutlich eines der qualvollsten Chroniken der Selbstfindung ist: „Und dabei ist es in vielen Varianten, in manchen Intensitätsgraden geblieben." Im belgischen Exil hatte er sich der Widerstandsbewegung angeschlossen, war der Gestapo in die Hände gefallen, gefoltert und nach Auschwitz deportiert worden. Er überlebte. „Es gab nach dem Zusammenbruch des nationalsozialistischen Reiches eine knappe Weltstunde, in der ich glauben durfte, alles sei von Grund auf verwandelt", schrieb Améry: „In sehr kurzer Zeit mußte ich erkennen, daß sich wenig geändert hatte, daß ich weiterhin der befristet Mordverurteilte war, auch wenn der potentielle Henker sich jetzt vorsichtig zurückhielt."

Oben: Die Filmregisseurin Ruth Beckermann (geboren 1952 in Wien). Um 2000. Photographie
Unten: Kinder bei Purimspielen in der Sephardischen Gemeinde in der Tempelgasse in Wien-Leopoldstadt. 1988. Photographie von Christine de Grancy

Sein Leben verwandelte sich in ein ruheloses Nomadentum, er schrieb in zunehmend verzweifeltem Ton gegen die „Entwürdigung" an, die ihm widerfahren war. Zur Rückkehr entschloss er sich nie, besuchte jedoch fortwährend die Orte seiner Jugend, stets auf der Hut, nur ephemere Spuren hinter sich lassend. „Der Jude ohne positive Bestimmbarkeit, der Katastrophenjude, wie wir ihn getrost nennen wollen, muß sich einrichten ohne Weltvertrauen." Ein fragiles Arrangement, das nur eine Frist lang aufrechtzuerhalten war. 1978 nahm sich Jean Améry in einem Hotelzimmer in Salzburg das Leben. Selbstmord konnte man die Tat nicht nennen.

Nur wenige der Überlebenden zogen aus ihrem Erleben den radikalen Schluss, dass es sich bei der Paranoia des Katastrophenjuden zweifelsohne um eine Wirklichkeitsvorstellung handeln müsse. Sie sprachen auch wenig über das, was sie überstanden hatten, erzählten ihren Kindern kaum von ihrer Vergangenheit. Sie schlossen diese in sich ein, wurden nur noch in ihren Träumen von Erinnerungsgespenstern heimgesucht. Es war ein Tabuthema, das jeder kannte, das aber nicht benannt werden durfte, damit sich vielleicht doch noch eines Tages Normalität einstellen konnte in der neuen Existenz auf einem ungewissen Territorium. So wuchs eine neue jüdische Generation im Nachkriegs-Wien heran.

Die Filmemacherin Ruth Beckermann, Jahrgang 1952, erzählt in ihrem Buch *Unzugehörig* von diesem Großwerden in einer Stadt, in der die Demarkationslinie der historischen Erfahrungen private und öffentliche Bereiche voneinander trennte. Ihr Vater stammte aus Czernowitz, ihre Mutter, eine Wienerin, war aus Israel zurückgekehrt. Das Damenmodengeschäft der Familie lief gut, der Vater wollte bleiben, die Mutter jedoch ihre Kinder nicht in dieser Stadt groß ziehen.

„Jüdische Kinder im Wien der fünfziger Jahre", erinnert sich Beckermann: „Jedes Kind ein Wunder. Mit Gottes Hilfe sogar ein Wunderkind. Die Kinder würden eine Kindheit haben und eine Jugend. Sie würden glücklich sein. Sie müssen glücklich

Links: Lehrer und Schüler im Misrachi-Haus am Judenplatz. Um 1990. Photographie von Harry Weber
Oben: Hebräisch-Unterricht im neuen Sephardischen Zentrum in der Tempelgasse in Wien-Leopoldstadt. 1988. Photographie von Christine de Grancy
Unten: Kinder bei Purimspielen im neuen Sephardischen Zentrum in der Tempelgasse in der Leopoldstadt. 1988. Photographie von Christine de Grancy

Oben: Basketball-Mannschaft des Sportvereins Hakoah nach einem gewonnenen Spiel. Vor 1996. Photographie von Harry Weber
Unten: Ariel Muzicant (geboren 1952 in Haifa), 1998 bis 2012 Präsident der Israelitischen Kultusgemeinde. 1999. Photographie

sein." Es war eine behütete Kindheit, die Vergangenheit blieb vergangen, nur der Onkel, der Auschwitz überlebt hatte, fing manchmal ohne erkennbaren Grund an zu weinen.

Die Familienwelt blieb exterritoriales Gebiet, nichts durfte hinausgetragen werden. Man gehörte nicht dazu und wollte wohl auch nicht dazugehören. In der Volksschule, wenn die Taferlklassler ihr Morgengebet murmelten, standen die drei jüdischen Kinder stumm daneben. Einer Mitschülerin, die in der gleichen Straße wohnte, untersagten die Eltern, ihre jüdische Freundin zu besuchen. So blieb nur die enge Welt jüdischer Jugendorganisationen und jüdischer Freunde, in der jeder jeden kannte. Oder Israel.

Die Existenz des jüdischen Staates verlieh den kleinen jüdischen Gemeinden ein neues Gefühl von Sicherheit und auch neues Selbstbewusstsein. „Für uns war das Überleben von Israel zunächst ein Wunder", erzählte Sonja Feiger, die langjährige Redaktionsleiterin der *Gemeinde*, der Zeitschrift der Kultusgemeinde, der israelischen Politologin Susanne Cohen-Weisz, einer gebürtigen Wienerin, die sie für ihre Dissertation an der Hebrew University befragte. „Doch die militärischen Erfolge in den Kriegen von 1967 und 1973, die Israel von einer existenziellen Gefahr befreiten und der Welt seine Stärke zeigten, waren für uns eine unglaubliche innere Unterstützung. Wir stiegen wirklich auf die Barrikaden. Es war leicht, junge Juden dafür zu gewinnen, öffentlich für Israel zu demonstrieren. Wir saßen oft tagelang am Telefon, um die Leute zusammenzutrommeln. Das war auch die Zeit, in der die Eltern ihre Kinder daheim einschlossen, um sie davon abzuhalten, nach Israel zu gehen."

Der Selbstbehauptungswille des kleinen Staates sprang auf junge Juden in der Wiener Diaspora über. Die David-gegen-Goliath-Metapher, die in jenen Jahren in allen Medien zirkulierte, färbte auch auf die jüdische Jugend in Wien ab und veranlasste sie, die Zurückhaltung ihrer Elterngeneration aufzugeben, selbstbewusster aufzutreten, antisemitischen Jargon nicht einfach hinzunehmen, sondern offensiv dagegen anzugehen. Es war ein Prozess in kleinen Schritten, der Mentalitätswechsel vollzog sich schleichend. Mehr und mehr gab eine neue Generation den Ton an, in der Kultusgemeinde ebenso wie in der Öffentlichkeit, die zunächst mit Staunen und später mit irritierter Faszination auf das ihr weitgehend unbekannte Universum jüdischer Kultur und jüdischer Geschichte reagierte. In Wien, der Hochburg antisemitischer Vorurteile, hielt plötzlich philosemitische Begeisterung Einzug.

Der erste Präsident der Kultusgemeinde, der nicht mehr der Generation der Überlebenden angehörte, Ariel Muzicant, wurde zu einem Aushängeschild in der Auseinandersetzung mit den rechtsextremen Gruppierungen im ganzen Land. Der Immobilienexperte setzte in einem neuen Anlauf zusätzliche Restitutionszahlungen durch, erreichte die Rückerstattung des 1938 geraubten Areals des jüdischen Sportklubs Hakoah, auf dem eine Art jüdischer Campus errichtet wurde, und schaltete sich immer wieder in die zähen Verhandlungen über die Rückgabe von Raubkunst ein.

Zu seinem Markenzeichen wurde eine Praxis, die noch wenige Jahre zuvor undenkbar gewesen wäre: Regelmäßig war Muzicant im Fernsehen als kämpferischer Advokat eines demokratischen Gemeinwesens zu sehen, das keine Form von Rassismus toleriert. Die Gemeinde, die er 2012 seinem Nachfolger übergab, war die selbstbewusste Interessenvertretung eines kleinen Bevölkerungssegments, das seine Rolle in der Gesellschaft gefunden hatte.

Das Ereignis, das letztlich den Dammbruch bewirkte, führte allerdings zunächst noch zu einem Aufbäumen der schlummernden Bestie. Als 1986 während des Präsidentschaftswahlkampfes von Kurt Waldheim, eines ehemaligen Generalsekretärs der Vereinten Nationen, ruchbar wurde, dass der Diplomat entscheidende Abschnitte seines Lebenslaufes vor und während des Zweiten Weltkrieges verschwiegen hatte (Waldheim war Mitglied der Reiter-SA gewesen und hatte während der schmutzigsten Phase des Balkankrieges und der Deportationen griechischer Juden als Nachrichtendienstoffizier in Saloniki gedient), entwickelte sich die lokale Kontroverse zu einem globalen Skandal.

In New York schaltete sich der World Jewish Congress ein und ließ nicht mehr locker. In Wien reagierte die Öffentlichkeit nach gewohntem Muster. Die antisemitischen Untertöne nahmen zu und bescherten dem ungeschickten und selbstgerechten Kandidaten den Wahlsieg. Doch die internationalen Proteste ebbten nicht ab. Das österreichische Staatsoberhaupt war ein geächteter Mann, den niemand besuchen oder empfangen wollte. Die USA verhängten sogar ein Einreiseverbot über den Vergesslichkeitskünstler.

Protestkundgebung gegen den Präsidentschaftskandidaten Kurt Waldheim am Wiener Stephansplatz. Der Bildhauer Alfred Hrdlicka spricht vor seinem Holzpferd, das zum Symbol der Bürgerbewegung gegen die österreichischen Lebenslügen wurde. 8. Juli 1986. Photographie

Auf dem Höhepunkt der Affäre im Jahr nach der Wahl berichteten die Zeitungen in aller Welt von einer Welle antisemitischer Ausschreitungen in Wien, wie sie seit den ersten Nachkriegsjahren nicht mehr registriert worden waren. Juden wurden angepöbelt, bespuckt, tätlich bedrängt. „Muss ich jetzt dieses Land verlassen?", fragte sich ein Kaufmann. „Man muss auswandern", sagte der Schriftsteller Doron Rabinovici, damals noch Medizinstudent, „auch wenn bei Waldheim kein Blut an den Händen, sondern nur Schleim an den Spinnenfingern klebt." Ein anderer jüdischer Student erzählte, er kenne viele Familien, die bereits ein Flugticket in der Tasche oder sich eine Wohnung in Israel besorgt hätten.

Doch die Waldheim-Affäre spaltete zugleich die gesamte österreichische Gesellschaft. Eine Generation holte jetzt mit aller Gründlichkeit nach, was im Nachbarland Deutschland längst stattgefunden hatte: die Abrechnung mit den Nazi-Vätern. Es war eine überhitzte Debatte, sie wurde mit gewaltigem emotionalem Aufwand geführt.

Schlussendlich entwickelte sich aus der an sich unbedeutenden Affäre die Katharsis für das ganze Land. Die Lebenslügen, auf denen Nachkriegsösterreich errichtet worden war, brachen wie ein Kartenhaus in sich zusammen. Immer mehr Wiener begriffen, dass ihre Stadt und ihr Land nur dann wieder einen Weg aus dem Schmuddelwinkel der Weltöffentlichkeit finden würden, wenn sich die Gesellschaft die historische Wahrheit zumutete. Erstmals räumte nun ein österreichischer Regierungschef in einer offiziellen Rede die Mitverantwortung der Österreicher an der Menschheitskatastrophe der Shoah ein.

Die jüdische Gemeinde in Wien ist weiterhin verschwindend klein. Doch vor allem durch die Zuwanderung bucharischer und orientalischer Juden hat sie sich in ihrer kulturellen und religiösen Vielfalt immens entwickelt. Es gibt heute zwölf unterschiedliche religiöse Gruppierungen und 18 verschiedene Synagogen und Beträume,

Vor dem Stadttempel in der Seitenstettengasse. Vor 1996. Photographie von Harry Weber

Oben: Vor dem Stadttempel in der Seitenstettengasse zu Jom Kippur. Vor 1996. Photographie von Harry Weber
Links: Umzug zu Sukkot im Stadttempel in der Seitenstettengasse. Vor 1996. Photographie von Harry Weber

Das Gemeindezentrum der orthodox-zionistischen Bewegung „Misrachi" am Judenplatz in Wien. Vor 1996. Photographie von Harry Weber

Oben: Ansprache des Oberrabbiners Paul Chaim Eisenberg am Desider-Friedmann-Platz zu Chanukka. Vor 1996. Photographie von Harry Weber
Links: Bräutigam, Trauzeuge und Oberrabbiner Paul Chaim Eisenberg beim Unterschreiben eines Ehekontrakts im Stadttempel. Vor 1996. Photographie von Harry Weber

Gegenüber:
Links: Vor dem Gebetbuch. Um 1995. Photographie von Harry Weber
Oben rechts: Torafeier im neuen Sephardischen Zentrum in der Tempelgasse in Wien-Leopoldstadt. Vor 1996. Photographie von Harry Weber
Unten rechts: Orthodoxer Jude in seiner Laubhütte zu Sukkot im Innenhof eines Leopoldstädter Hauses. Vor 1996. Photographie von Harry Weber

Oben: Tora und Jad (Torazeiger). Um 1995. Photographie von Harry Weber
Rechts: Studium in der Heichal Menachem-Synagoge der Lubawitscher Chassidim in der Grünentorgasse in Wien-Alsergrund. 1988. Photographie von Christine de Grancy

Links: Ein Kind tanzt allein Hora nach einer Hochzeit. Vor 1996. Photographie von Harry Weber

Unten: Auf dem Weg zum Mazzesbacken in der Lilienbrunngasse in der Leopoldstadt. 2000. Photographie von Harry Weber

Andacht im Jüdischen Friedhof in der Seegasse in Wien-Alsergrund, dem ältesten erhaltenen Friedhof Wiens, auf dem zwischen 1540 und 1783 die Mitglieder der jüdischen Gemeinde beigesetzt wurden. 1988. Photographie von Christine de Grancy

Oben links: André Heller (geboren 1947 in Wien) bei einer Bar-Mizwa-Feier in Wien. Um 1995. Photographie von Harry Weber
Oben rechts: Elias Canetti (1905–1994) auf Wienbesuch anlässlich der Verleihung der Ehrenbürgerschaft durch Bürgermeister Helmut Zilk. 1986. Photographie von Christine de Grancy

Unten links: Georg Eisler (1928–1998) in seinem Wiener Atelier. 1989. Photographie von Christine de Grancy

Unten rechts: Doppelconférence zwischen Karl Farkas und Ernst Waldbrunn (1907–1977) im Kabarett Simpl. In seinem autobiographischen Schauspiel „Die Flucht" aus dem Jahr 1965 erzählte Farkas davon, wie er an einer schlesischen Provinzbühne die NS-Verfolgung überlebte. Um 1970. Photographie

Oben: Der Chemiker und Erfinder der Antibabypille Carl Djerassi (geboren 1923 in Wien) auf dem Balkon der Neuen Hofburg. 2005. Photographie von Christine de Grancy
Mitte: Der Schriftsteller und Regisseur George Tabori (1914–2007) bei Theaterproben in Wien. 1992. Photographie von Christine de Grancy
Unten links: Die Schriftstellerwitwe Marietta Torberg (1920–2000) und der Schauspieler Leon Askin (1907–2005) im Garten des alten Pflegeheims Maimonides-Zentrum in Wien-Döbling. Vor 1996. Photographie von Harry Weber
Unten rechts: Der „Opernführer" Marcel Prawy (1911–2003) in seinem Wiener Archiv. 1995. Photographie von Harry Weber

Oben: Albert Misak und Edek Bartz, das Wiener Musikerduo, das sich unter dem Künstlernamen Geduldig und Thimann der Wiederentdeckung der jiddischen Musik widmete. 1991. Photographie von Christine de Grancy
Unten: Orthodoxer Jude in der Lilienbrunngasse in Wien-Leopoldstadt. 2000. Photographie von Harry Weber

welche die wichtigsten Strömungen des Judentums repräsentieren. Ultraorthodoxe Familien gehören vor allem in Teilen der Leopoldstadt, dem traditionellen jüdischen Wohnviertel, wieder zum Straßenbild.

„In den Nachkriegsjahrzehnten sahen Juden keine Zukunft für ein jüdisches Leben in Österreich", schreibt die Politologin Susanne Cohen-Weisz in ihrer Dissertation über die Nachkriegsgeschichte der jüdischen Gemeinde: „Sie fühlten sich gewiss nicht als ein Teil der österreichischen Gesellschaft, die sich selbst noch auf der Suche nach ihrer nationalen Identität befand. Die Generation der jüdischen Überlebenden in Wien betrachtete Österreich nicht als ihr Heimatland; im Gegenteil, viele Überlebenden hassten Österreich und blieben gleichviel aus den unterschiedlichsten Gründen dort. Nicht selten fühlten sie sich schuldig, weil sie geblieben waren, und gaben diese Gefühle an die nächste Generation weiter. Ihre Schuldgefühle wurden noch durch die generelle Verurteilung innerhalb des Weltjudentums verstärkt, die allen galt, die im Land ihrer Mörder lebten."

Über 70 Jahre später, meint die Autorin, Tochter eines Wiener Universitätsprofessors, habe sich jedoch eine spezifische österreichisch-jüdische Identität herausgebildet. „Die Juden in Wien haben sicherlich ihre Koffer ausgepackt", meint die Politologin, „doch die leeren Koffer befinden sich weiterhin in Reich-

Rabbi Schmuel Ernst Pressburger (1918–1993) mit seinem Sohn Michoel (links) in seiner Gemeinde in der historischen Schiffschul in der Großen Schiffgasse in Wien-Leopoldstadt. Rabbi Pressburger, der Nachfahre einer alten chassidischen Dynastie, wurde von seiner Gemeinde wie ein Heiliger verehrt. Sein Sohn setzte nicht nur die Familientradition fort, sondern war vor allem maßgeblich an der Rettung iranischer Juden beteiligt, die er im Anschluss an die islamische Revolution über verschwiegene Kanäle aus dem Staat der Mullahs herausschmuggelte und in seinem kleinen Gemeindezentrum beherbergte. 1991 und 1992. Photographien von Christine de Grancy

Oben: Rabbi Schmuel Ernst Pressburger im Gebet versunken. 1991. Photographie von Christine de Grancy
Unten und gegenüber: Rabbi Michoel Pressburger, der Sohn Schmuel Pressburgers, mit den Gläubigen beim Pessach-Fest. 1992 und 1993. Photographien von Christine de Grancy

Links oben: In der koscheren Bäckerei in der Hollandstraße in Wien-Leopoldstadt. 1988. Photographie von Christine de Grancy
Rechts oben: Beim Hutmacher Shmuel Schapira in der Mariahilferstraße in Wien-Neubau. Um 1990. Photographie von Gerhard Trumler
Links Mitte: In der Buchhandlung Chaj von Ernst Meir Stern in der Lessinggasse in Wien-Leopoldstadt. Vor 1996. Photographie von Harry Weber
Links unten: Beim koscheren Fleischhauer in der Großen Pfarrgasse in Wien-Leopoldstadt. 1988. Photographie von Christine de Grancy

Oben: Mazzesbacken in der orthodoxen Bäckerei Ohel Moshe in der Liliengasse in Wien-Leopoldstadt. Vor 1996. Photographie von Harry Weber
Rechts: Gläubige im Hof des Bethauses in der Lilienbrunngasse in Wien-Leopoldstadt während des Chamez-Verbrennens (Gesäuertes Brot) vor Pessach. 2009. Photographie von Gerhard Trumler

weite – für den Notfall." Das Novum einer österreichisch-jüdischen Identität beinhalte nämlich nicht zugleich auch einen österreichischen Patriotismus. Juden in Wien, Wiener Juden oder jüdische Wiener, wie auch immer sie sich selbst bezeichnen mögen, betrachteten sich zwar als loyale Staatsbürger und fühlten sich zunehmend einem demokratischen Staatswesen verbunden, jedoch nicht einem österreichischen Vaterland oder einer österreichischen Nation.

Der oft glühende Patriotismus, den die Wiener Juden einst trotz aller antisemitischen Anfeindungen für das Land an den Tag gelegt hatten, gehört unwiderruflich der Vergangenheit an. „Dieser Patriotismus wurde in der Shoah erstickt. Die in Österreich geborenen Überlebenden konnten ihre Liebe zu einem Österreich, von dem sie sich enttäuscht und betrogen fühlten, nie mehr zu neuem Leben erwecken. Ihre Erfahrungen hatten sie gelehrt, dass Patriotismus und Assimilation sie nicht in Österreicher zu verwandeln vermochten, sondern dass sie in den Augen ihrer Landsleute weiterhin als Juden angesehen wurden, denen man keinen Schutz angedeihen ließ."

Im digitalen Zeitalter einer globalen Informationsgesellschaft ist allerdings das heimatverliebte Sentiment höchstwahrscheinlich nur noch ein anachronistischer Zug, eine historische Reminiszenz an eine Epoche, in der Illusionen noch die Kraft von Gewissheiten zu besitzen vermochten. Das war ihre große Tragödie. Eine erste Ahnung von der historischen Dimension der Auslöschung des europäischen Judentums dämmerte dem deutschen Widerstandskämpfer Carl Goerdeler in der Nacht vor seiner Hinrichtung nach dem gescheiterten Attentat auf Hitler. Bedenke man, dass die Gräuel der Christenverfolgung unter Diokletian immer noch erinnert würden, so notierte er in der Todeszelle, dann müssten wohl für das Gedenken an den Judenmord, der um so vieles grauenhafter sei, zweitausend Jahre nur das Minimum sein. Dabei ging er von etwa hunderttausend ermordeten Juden aus.

Nein, die Zeit, sie heilt keine Wunden.

Gegenüber: Gläubige in der neuen Viennese Jeschiwa (Talmud-Tora-Schule) in der Großen Mohrengasse in Wien-Leopoldstadt. Vor 1996. Photographie von Harry Weber

Folgende Seite: Holocaust-Mahnmahl von Rachel Whiteread (1996–1999) zum Gedenken an die österreichischen Juden, die ermordet wurden, am Judenplatz, das auf eine Idee von Simon Wiesenthal zurückgeht. Um 2000. Photographie von Lois Lammerhuber

AUSGEWÄHLTE BIBLIOGRAPHIE

Albrich Thomas: „Es gibt keine jüdische Frage" – Zur Aufrechterhaltung des österreichischen Opfermythos, in: Rolf Steininger (Hg.): Der Umgang mit dem Holocaust, Wien 1994

Albrich Thomas: Brichah: Fluchtweg durch Österreich, in: Fritz Bauer Institut (Hg.): Überlebt und unterwegs – Jüdische Displaced Persons in Nachkriegsdeutschland, Frankfurt 1997

Altenberg Peter: Expeditionen in den Alltag – Gesammelte Skizzen 1895–1898, Wien 1987

Altenberg Peter: Extrakte des Lebens – Gesammelte Skizzen 1898–1919, Wien 1987

Améry Jean: Hand an sich legen, Stuttgart 1976

Améry Jean: Jenseits von Schuld und Sühne, Stuttgart 1977

Bartley III. William W.: Wittgenstein, ein Leben, München 1985

Bauer Yehuda: American Jewry and the Holocaust, Detroit 1983

Baumgartner Gerd: Walther Rode – Leben und Werk, Wien 2007

Beckermann Ruth: Unzugehörig, Wien 1989

Beller Steven: Vienna and the Jews, Cambridge 1989

Bilke Martina: Zeitgenossen der „Fackel", Wien 1981

Birk Matjaz: „Vielleicht führen wir zwei verschiedene Sprachen ..." – Zum Briefwechsel zwischen Joseph Roth und Stefan Zweig, Münster 1997

Blei Franz: Erzählung eines Lebens, Wien 2004

Blei Franz: Porträts, Wien 1987

Botz Gerhard / Ivar Oxaal / Michael Pollak: Eine zerstörte Kultur – Jüdisches Leben und Antisemitismus in Wien seit dem 19. Jahrhundert, Buchloe 1990

Botz Gerhard: Nationalsozialismus in Wien: Machtübernahme, Herrschaftssicherung, Radikalisierung, Wien 2008

Boyer John W.: Karl Lueger – Christlichsoziale Politik als Beruf, Wien 2010

Brenner Helmut / Reinhold Kubik: Mahlers Welt – Orte seines Lebens, St. Pölten 2011

Broch Herrmann: Hofmannsthal und sein Zeitalter, Frankfurt 2001

Bronson David: Joseph Roth, Köln 1974

Bronstein Leon: Judentum und Musik, Wien 1991

Brugger Eveline / Martha Keil / Albert Lichtblau / Christoph Lind / Barbara Staudinger: Geschichte der Juden In Österreich, Wien 2006

Canetti Elias: Das Augenspiel, München 1985

Canetti Elias: Die Fackel im Ohr, München 1980

Canetti Elias: Die gerettete Zunge, München 1977

Carsten Francis L.: Fascist Movements in Austria, London 1977

Cohen-Weisz Susanne: The Suitcases Are Unpacked, Jerusalem 2012 (unveröffentlichte Diss.)

Corino Karl: Robert Musil, Reinbek 1988

Daim Wilhelm: Der Mann, der Hitler die Ideen gab, München 1986

Doron Rabinovici: Instanzen der Ohnmacht, Wien 1938–1945, Frankfurt 2000

Edmonson C. Earl: The Heimwehr and Austrian Politics, Athens 1978

Ehalt Hubert / Gernot Heiß / Hannes Stekl: Glücklich ist, wer vergißt ...?, Wien 1986

Ellenberger Henry F.: Die Entdeckung des Unbewußten, Zürich 1985

Erdheim Mario: Die gesellschaftliche Produktion von Unbewußtheit, Frankfurt 1982

Fejtö François: Joseph II., München 1987

Fejtö François: Requiem für eine Monarchie, Wien 1991
Felstiner John: Paul Celan – Eine Biographie, München 1997
Fischer Ernst: Gesammelte Schriften, Frankfurt 1985–1991
Fischer Jens Malte: Gustav Mahler: Der fremde Vertraute, Wien 2003
Friedländer Saul: The Nazis and the Jews – The Years of Persecution, London 1997
Fuchs Albert: Geistige Strömungen in Österreich, Wien 1978 (Reprint)
Gasser Wolfgang: Erlebte Revolution – Das Wiener Tagebuch des jüdischen Journalisten Benjamin Kewall, Wien 2010
Gay Peter: Freud – A Life of Our Time, New York 1988
Gay Peter: Schnitzler's Century, New York 2002
Gopcevic Spiridion: Österreichs Untergang – die Folge von Franz Josephs Mißregierung, Berlin 1920
Großen Peter / Marcus G. Patka: Displaced – Paul Celan in Wien 1947–1948, Frankfurt 2001
Gulick Charles A.: Austria from Habsburg to Hitler, Berkeley 1948
Hamann Brigitte: Hitlers Wien, München 1996
Heer Friedrich: Der Glaube des Adolf Hitler, München 1968
Heidelberger-Leonard Irene: Jean Améry, Stuttgart 2004
Historisches Museum der Stadt Wien (Hg): Traum und Wirklichkeit, Wien 1985
Hofmann Werner: Experiment Weltuntergang, Hamburg 1985
Jabloner Clemens (Hg.): Schlussbericht der Historikerkommission der Republik Österreich, München 2003
Janik Alan / Stephen Toumlin: Wittgenstein's Vienna, New York 1973
Jessen Jens: In Hitlers Gesellschaft, in: DIE ZEIT 24/2012
Johnston William M.: Österreichische Kultur-und Geistesgeschichte, Wien 1974
Jungk Peter Stefan: Franz Werfel – Eine Lebensgeschichte, Frankfurt 1987
Keil Martha (Hg.): Jüdisches Städtebild Wien, Frankfurt 1995
Klieber Rupert: Lebenswelten in der Donaumonarchie, Wien 2010
Knight Robert: „Ich bin dafür die Sache in die Länge zu ziehen" – Die Wortprotokolle der österreichischen Bundesregierung 1945 bis 1952 über die Entschädigung der Juden, Wien 2000
Lachnit Peter u.a. (Hg.): Wien wirklich, Wien 1983
Le Rider Jacques: Der Fall Weininger, Wien 1985
Lehne Andreas: Wiener Warenhäuser 1865–1914, Wien 1990
Leser Norbert (Hg.): Das geistige Leben der Zwischenkriegszeit, Wien 1981
Lillie Sophie: Was einmal war – Handbuch der enteigneten Kunstsammlungen Wiens, Wien 2003
Loos Adolf: Gesammelte Schriften, Wien 1981–1983
Lunzer Heinz / Victoria Lunzer-Talos: Joseph Roth: Leben und Werk in Bildern, Köln 2009
Lunzer Heinz / Victoria Lunzer-Talos: Peter Altenberg: Extracte des Lebens, St. Pölten 2003
Lützeler Paul Michael: Hermann Broch, Frankfurt 1985
McGuiness Brian: Wittgensteins frühe Jahre, Frankfurt 1988
Musil Robert: Essays und Reden, Reinbek 1983
Olson Donald J.: Die Stadt als Kunstwerk, Frankfurt 1988
Pauley Bruce: Hahnenschwanz und Hakenkreuz, Wien 1972
Pfabigan Alfred: Karl Kraus und die Sozialdemokratie, Wien 1976
Pircher Wolfgang (Hg.): Début eines Jahrhunderts, Wien 1985
Polgar Alfred: Kleine Schriften in sechs Bänden, Reinbek 1982–1986

Rathkolb Oliver: Die paradoxe Republik – Österreich 1945–2005, Wien 2005
Reinalter Helmut (Hg.): Biographisches Lexikon zur Geschichte der demokratischen und liberalen Bewegungen in Mitteleuropa, Frankfurt 2011
Riedl Joachim (Hg.): Wien, Stadt der Juden – Die Welt der Tante Jolesch, Wien 2004
Ross Alex: The Rest Is Noise – Listening to the Twentieth Cetury, New York 2007
Roth Joseph: Werke in vier Bänden, Köln 1976
Rozenblit Marsha: The Jews of Vienna, Albany 1983
Safrian Hans / Hans Witek: Und keiner war dabei: Dokumente des alltäglichen Antisemitismus in Wien 1938, Wien 2008
Safrian Hans: Die Eichmann-Männer, Wien 1993
Scheible Hartmut: Literarischer Jugendstil in Wien, München 1984
Scheicher Joseph: Sebastian Brunner. Ein Lebensbild, zugleich ein Stück Zeit- und Kirchengeschichte, Würzburg 1888
Schnitzler Arthur: Der Weg ins Freie, Berlin 1908
Schnitzler Arthur: Jugend in Wien, München 1968
Schnitzler Arthur: Tagebücher in zehn Bänden, Wien 1987–2000
Schorske Carl E.: Wien – Geist und Gesellschaft im Fin de Siècle, Frankfurt 1982
Segev Tom: Simon Wiesenthal, München 2010
Sklar Dusty: Gods and Beasts – The Nazis and the Occult, New York 1977
Spiel Hilde: Die hellen und die finsteren Zeiten – Erinnerungen 1911–1946, München 1989
Stern Frank / Barbara Eichinger: Wien und die jüdische Erfahrung 1900–1938, Wien 2009
Talos Emmerich / Ernst Hanisch: NS-Herrschaft in Österreich, Wien 2001
Tichy Marina: Alltag und Traum, Wien 1984
Tietze Hans: Die Juden Wiens, Wien 1987 (Reprint)
Timms Edward: Karl Kraus, Apocalyptic Satirist: Culture and Catastrophe in Habsburg Vienna, New Haven 1986
Timms Edward: Karl Kraus, Apocalyptic Satirist: The Postwar Crisis and the Rise of the Swastika, New Haven 2005
Wagner Renate: Arthur Schnitzler, Wien 1981
Wassermann Jakob: Mein Weg als Deutscher und Jude, Frankfurt 1994
Waugh Alexander: The House of Wittgenstein, New York 2008
Weinzierl Ulrich: Er war Zeuge: Alfred Polgar, Wien 1978
Weinzierl Ulrich: Hofmannsthal – Skizzen zu seinem Bild, Wien 2005
Werfel Franz: Barbara oder die Frömmigkeit, Wien 1929
Wolf Gerson: Geschichte der Juden in Wien, Reprint Wien 1974
Wunberg Gottfried: Die Wiener Moderne, Stuttgart 1981
Yerushalemi Yosef Hayim: Freud's Moses: Judaism Terminable and Interminable, New Haven 1992

Bibliografische Information der Deutschen Nationalbibliothek
Die Deutsche Nationalbibliothek verzeichnet diese Publikation in der Deutschen Nationalbibliografie; detaillierte bibliografische Daten sind im Internet über http://dnb.d-nb.de abrufbar.

1. Auflage

Grafische Gestaltung und Bildrecherche: Christian Brandstätter
Lektorat: Else Rieger und Fanny Esterházy
Technische Betreuung: Franz Hanns
Reproduktion der Abbildungen: Pixelstorm, Kostal & Schindler OEG, Wien
Druck: GRASL FairPrint, Bad Vöslau

ISBN 978-3-85033-627-7

Christian Brandstätter Verlag
GmbH & Co KG
A-1080 Wien, Wickenburggasse 26
Telefon (+43-1) 512 15 43-0
Telefax (+43-1) 512 15 43-231
E-Mail: info@cbv.at
www.cbv.at

Designed and printed in Austria